BREMEN UND UMZU

Alexa Stein
Hans-Jürgen Rusch

66 Lieblingsplätze
und 11 Restaurants

BREMEN UND UMZU

Alexa Stein
Hans-Jürgen Rusch

Autoren und Verlag haben alle Informationen mit größtmöglicher Sorgfalt geprüft. Gleichwohl sind Fehler nicht vollständig auszuschließen. Alle Angaben erfolgen ohne Gewähr. Bitte schreiben Sie uns! Über Ihre Rückmeldung zum Buch und über Verbesserungsvorschläge freuen sich Autoren und Verlag: lieblingsplaetze@gmeiner-verlag.de

Besuchen Sie uns im Internet:
www.gmeiner-verlag.de

Im Ehnried 5, 88605 Meßkirch
Telefon 07575/2095-0
info@gmeiner-verlag.de

1. Auflage 2012

Lektorat: Claudia Reinert
Herstellung: Julia Franze
Umschlaggestaltung: U.O.R.G., Lutz Eberle, Stuttgart
unter Verwendung zweier Fotos von Hans-Jürgen Rusch (Titel und Rückumschlag)
Kartendesign: Matthias Schatz
Druck: AZ Druck und Datentechnik GmbH, Kempten
Printed in Germany
ISBN 978-3-8392-1253-0

STADT BREMEN

SÜDLICH VON BREMEN

Meine Liebe zu Bremen begann in einer lauen Sommernacht auf Kreta. Genauer gesagt war es ein Bremer, in den ich mich verliebt hatte. Bremen selbst kannte ich damals nur aus dem Märchen ›Die Bremer Stadtmusikanten‹. Inzwischen lebe ich seit über zwei Jahrzehnten hier und kann mir gar nicht mehr vorstellen, woanders zu wohnen. Bremen ist mir ans Herz gewachsen und obwohl ich gebürtig aus Süddeutschland komme, fühle ich mich inzwischen als echtes Nordlicht.

BREMEN UND UMZU – VON ALLEM NUR DAS BESTE

Auch Hans-Jürgen Rusch, mit dem zusammen ich dieses Buch geschrieben habe, ist kein gebürtiger Bremer – wie er den Weg an die Weser fand, schildert er im Kapitel ›Neue Heimat Niedersachsen‹.

Wir sind Wahlbremer, und das aus Überzeugung. Das kleinste Bundesland hat das gewisse Etwas und viele, die es besucht haben, hat es nicht mehr losgelassen.

Bremen hat sich in all den Jahrhunderten, ebenso wie Hamburg, seine Selbstständigkeit erhalten. Und solange der Roland auf dem Marktplatz steht, wird das auch so bleiben – sagt die Legende und glaubt jeder Bremer. Deshalb werden wohl immer wieder aufkeimende Rufe, Bremen möge in Niedersachsen eingegliedert werden, ungehört verhallen. Schließlich muss auch die historische Trennung zwischen ›Binnenbremer‹ (Bremer, die in Bremen leben) und ›Butenbremer‹ (Bremer, die außerhalb der Stadtgrenzen leben) erhalten bleiben.

Bremen hat unzählige schöne, skurrile, außergewöhnliche und imposante Ecken; uns fiel es schwer, nur 66 davon für unser ›Bremen und umzu‹ auszusuchen. Wobei Sie sich vielleicht fragen, was ›umzu‹ bedeutet. Ganz einfach: drum herum oder in der Umgebung. Für die Bremer hat es allerdings eine spezielle Bedeutung: Umzu ist alles, was eben nicht mehr zu Bremen gehört – ganz bescheiden der Rest der Welt. Überhaupt kennt die Bremer Sprache viele nette Ausdrücke. Bekannt geworden ist auch der Spruch ›buten un binnen wagen un winnen‹, mit dem sich die Kaufmannschaft in Bremens ›guter Stube‹ präsentiert. Als ›gute Stube‹ wird der Marktplatz bezeichnet. Alles, was Rang und Namen hat, ist hier versammelt: der Senat in seinem Rathaus, die Volksvertretung in der Bürgerschaft, der Dom, die Kaufmannschaft im Schütting und natürlich der Roland, wohl der bekannteste Bremer, neben den Stadtmusikanten, die gleich um die Ecke stehen.

Natürlich hat die Kirche in der heutigen Zeit nur noch vergleichsweise wenig Einfluss, obwohl es mehr christliche Überlieferungen in Bremen gibt, als viele vermuten. So geht der Bremer Schlüssel im Stadtwappen auf den Apostel Petrus zurück, der auch der Schutzpatron des Doms ist.

Noch so ein beliebter Schnack – also ein Ausdruck – bei den Bremern ist das ›Schietwetter‹, was uns mit dem Rest der Norddeutschen Tiefebene eint. Dabei gibt es kein schlechtes Wetter, behauptet der Bremer, und wie es aussieht, hat er recht. Laut Statistik strömen desto mehr Besucher in die Stadt, je schlechter das Wetter ist. Dabei ist das Wetter in Bremen besser als sein Ruf und bei Sonnenschein gibt es besonders viel zu entdecken.

Bremerhaven ist sozusagen die kleinere Schwester der beiden im kleinsten Bundesland; und mehr als zwei Städte gibt es hier auch nicht. Die Bremer und Bremerhavener sind sich nicht immer einig, aber man lebt ganz gut in trauter Zweisamkeit zusammen.

Aber auch die Niedersachsen, die das Land zwischen den beiden Städten und im weitläufigen Süden bewohnen, pflegen vielfältige und enge Beziehungen zu den beiden Städte-Schwestern an der Weser – sie arbeiten dort, fahren in die City oder in eines der großen Einkaufszentren zum Shoppen, gehen essen, besuchen Kino oder Theater oder bummeln einfach an der Weserpromenade, der Schlachte, entlang. Und andersherum haben die Bremer längst die Vorzüge des niedersächsischen Umlands entdeckt.

Dass es sich in Bremen gut leben lässt, wussten schon die Stadtmusikanten – sie haben Bremen leider nie erreicht. Dagegen hoffen wir doch sehr, dass das bei Ihnen anders ist. Also, kommen Sie ›in die Puschen‹ wie wir Bremer sagen, und besuchen Sie uns, wir freuen uns auf Sie!

Herzliche Grüße

Alexa Stein und Hans-Jürgen Rusch

Blockland → S. 81
Bremen
Oslebshausen
Gröpelingen
Waterfront → S. 83
Übersee-Museum → S. 91
Walle und der Überseehafen → S. 85
Fina
El Mundo → S. 89
Überseestadt → S. 87
Wallanlagen → S. 93
Historische Märkte entlang der Schlachte → S. 117
Käsespezialitäte aus der Neustadt → S. 12
Rathaus → S. 99
mit Ratskeller → S. 101
St. Petri Dom → S. 103
Roland → S. 97
Die Böttcherstraße des Ludwig Roselius → S. 105
Die Admiral Nelson an der Schlachte → S. 119
Krimibibliothek zu Bremen → S. 95
mit Prime Time Crime Time → S. 113
Bremen – Flughafen
Restaurant am Deich 68 → S. 125
Schnoor → S. 107
Geschichtenhaus → S. 109

Oberblockland
Warf
Lehesterdeich
Universum → S. 131
Horn-Lehe
Bürgerpark → S. 127
Rhododendronpark
und Botanika → S. 133
Oberneuland
Bremen
Restaurant Piano → S. 115
Blockdiek
Villa Ichon → S. 111
Breminale
am Oster-
deich → S. 121
Weserstadion → S. 123
Osterholz
Habenhausen
Arbergen

Loxstedt
Nördliche Umgebung von Bremen
Bremerhaven
Stresemannstraße
Deutsches Auswandererhaus → S. 31
Klimahaus → S. 35
Zoo am Meer → S. 39
Grimsbystraße
Mediterraneo → S. 41
Deutsches Schiffahrtsmuseum → S. 37
Sail und Maritime Festwoche → S. 43
Schiffdorfer Straße
Schaufenster Fischereihafen → S. 45
Burg zu Hagen → S. 49
Teufelsmoor → S. 65
Schmidts Kiefern und Mörderberg → S. 51
Osterholz-Scharmbeck
Worpswe
Rund um den Markt → S. 53
Music Hall → S. 63
Museumsanlage → S. 55
Weyerberg → S. 59
Barkenhoff → S. 61
Tietjens Hütte → S. 57
Historischer Hafen → S. 67
Altes Packhaus → S. 69
Spicarium → S. 71
Ritterhude
Vegesack
Kurios → S. 77
Lilientha
Blockland → S. 81
Knoops Park → S. 73
Sommer in Lesmona → S. 75

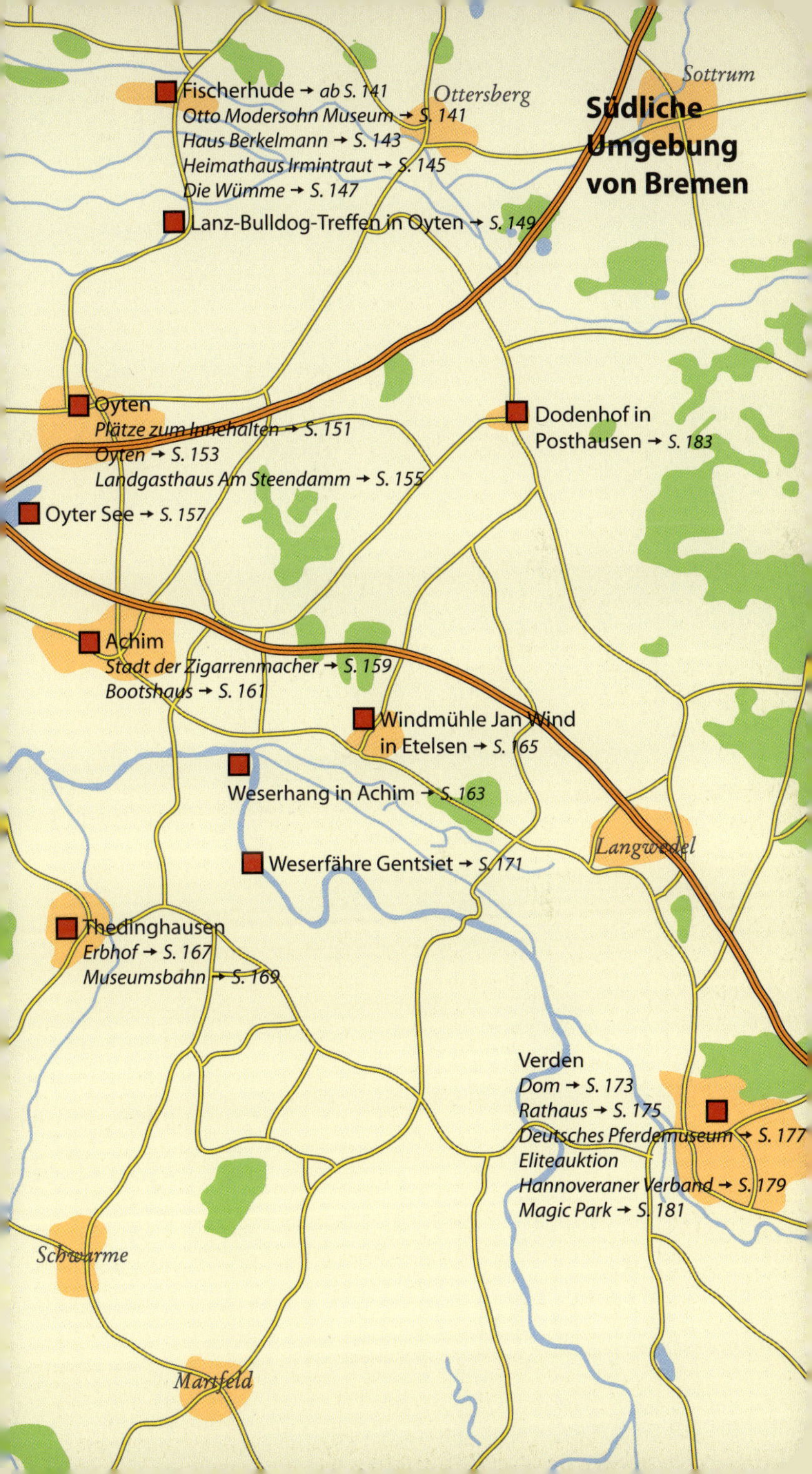
Südliche Umgebung von Bremen
Sottrum
Ottersberg
Fischerhude → ab S. 141
Otto Modersohn Museum → S. 141
Haus Berkelmann → S. 143
Heimathaus Irmintraut → S. 145
Die Wümme → S. 147
Lanz-Bulldog-Treffen in Oyten → S. 149
Oyten
Plätze zum Innehalten → S. 151
Oyten → S. 153
Landgasthaus Am Steendamm → S. 155
Dodenhof in Posthausen → S. 183
Oyter See → S. 157
Achim
Stadt der Zigarrenmacher → S. 159
Bootshaus → S. 161
Windmühle Jan Wind in Etelsen → S. 165
Weserhang in Achim → S. 163
Langwedel
Weserfähre Gentsiet → S. 171
Thedinghausen
Erbhof → S. 167
Museumsbahn → S. 169
Verden
Dom → S. 173
Rathaus → S. 175
Deutsches Pferdemuseum → S. 177
Eliteauktion
Hannoveraner Verband → S. 179
Magic Park → S. 181
Schwarme
Martfeld

AUF NACH BREMEN!

OBERMÜHLE /// STELLICHTE 1 /// 29664 WALSRODE ///
KLAUS MERKLE 0 42 36 / 82 97 /// WWW.STADTMUSIKANTEN.EU ///

Sie wollen auf den Spuren der Bremer Stadtmusikanten wandeln und einen erlebnisreichen Tag in Wald und Feld erleben? Dann sind Sie herzlich eingeladen. Eingestimmt durch dieses Buch und geleitet durch die Tafeln am Wegesrand, werden Sie den Weg leicht finden. Natürlich beginnt die Reise nicht am Zuhause der Katze, wie das Titelfoto dieses Kapitels vermuten lassen mag, sondern mit der Heimstatt des Esels.

DAS MÄRCHEN BEGINNT

In Mühlen mussten seit jeher schwere Säcke mit Korn und Mehl geschleppt werden – was lag näher, als Esel dafür einzusetzen? Und so beginnt die Expedition an der Obermühle in Stellichte, die bereits vor 1392 erbaut wurde. Über Jahrhunderte gehörte sie zum benachbarten Rittergut, bis sie 1786 als Erbzins verpachtet wurde. 1810 begann die Ära der Barenscheers, die von da an den Betrieb führten. Der Name steht für eine wahre Müller-Dynastie, da er sich bei fast 20 Mühlen in Niedersachsen nachweisen lässt. 1963 wurde der Betrieb der Wassermühle im Zuge des Mühlenstilllegungsprogramms eingestellt.

Tipp

Die Obermühle in Stellichte ist der Ausgangspunkt für eine Radtour über abgelegene Pfade, die Sie auf die **SPUREN DER BREMER STADTMUSIKANTEN** führt.

Vor dem Start Ihrer Radtour sollten Sie unbedingt auch die ehemalige Gutskirche gleich in der Nachbarschaft zur Mühle besuchen. Das Kleinod gilt neben der Schlosskapelle Celle als eine der wohl kostbarsten und in alter Pracht erhaltenen Renaissancekirchen in Norddeutschland. Im Sommerhalbjahr kann sie an Sonn- und Feiertagen sowie nach Absprache mit dem Küster besichtigt werden.

Doch zurück zu den Stadtmusikanten; wir wollen am Ende jeder Etappe sehen, wie die Gebrüder Grimm deren Geschichte zu Beginn des 19. Jahrhunderts erzählt haben. Hier also der Anfang: ›Es hatte ein Mann einen Esel, der ihm schon lange Jahre treu gedient, dessen Kräfte aber nun zu Ende gingen, so daß er zur Arbeit immer untauglicher ward. Da wollt ihn der Herr aus dem Futter schaffen, aber der Esel merkte, daß kein guter Wind wehte, lief fort und machte sich auf den Weg nach Bremen; dort, dachte er, kannst du ja Stadtmusikant werden.‹ [1]

EINE WASSERMÜHLE UND EINE RENAISSANCEKIRCHE ZUM AUFTAKT DER TOUR.

KÖNIGSHOF /// 27374 VISSELHÖVEDE /// KLAUS MERKLE 0 42 36 / 82 97 ///
WWW.STADTMUSIKANTEN.EU ///

Gleich hinter Stellichte führt Sie der schmale Weg in den Wald hinein. Wog der Esel sich hier in Sicherheit oder hielt er ängstlich nach Verfolgern Ausschau? Die Frage wird wohl niemand beantworten können. Sie treten kräftig in die Pedale und genießen die klare Luft im Schatten der Bäume. Der Esel hat's in seiner Einsamkeit ja auch nicht weit gehabt – nach nur drei Kilometern taucht der Königshof auf.

ZU ZWEIT REIST SICH'S LEICHTER

Bereits von weitem entdecken Sie die Hinweistafel. Der Königshof Visselhövede liegt heute auf beiden Seiten der Straße – Milchwirtschaft, Rinderzucht, Schweinemast und der Anbau von Kartoffeln verlangen nach viel Platz.

Königshöfe gehen auf eine alte Tradition zurück. Bereits in der Merowingerzeit (um 500 bis 751) gab es diese Art der Erwerbsbetriebe auf königlichen Ländereien, die zur Versorgung des Herrschers beitragen mussten – unter anderem auch durch die Jagd, für die man Hunde benötigte. Auf ihren fortwährenden Reisen – in jener Zeit besaßen Könige keine feste Residenz – fanden Landesherr und Hofstaat auf Königshöfen stets eine sichere Unterkunft. Wall und Graben, ergänzt durch Palisaden, Flechtzaun oder Dornenhecke schützten vor Überfällen. Bestanden die Königshöfe auch aus unterschiedlichen Gebäudeensembles, maßen sie meistens einheitlich 50 mal 100 Meter im Grundriss.

> **Tipp**
> Das Heim des Jagdhundes aus dem Märchen – ein **KÖNIGSHOF** mit langer Tradition. Das älteste Gebäude der Anlage stammt aus dem 15. Jahrhundert.

Und auf einem solchen Königshof, dem in Visselhövede, traf nun der Esel auf seinen ersten Kameraden: ›Als er ein Weilchen fortgegangen war, fand er einen Jagdhund auf dem Wege liegen, der jappte wie einer, der sich müd gelaufen. »Nun, was jappst du so?« sprach der Esel. »Ach, sagte der Hund, weil ich alt bin und jeden Tag schwächer werde, und auf der Jagd nicht mehr fort kann, hat mich mein Herr wollen todtschlagen, da habe ich Reißaus genommen; aber womit soll ich nun mein Brot verdienen?« »weißt du was, sprach der Esel, ich gehe nach Bremen, dort Stadtmusikant zu werden, geh mit und laß dich auch bei der Musik annehmen. Der Hund wars zufrieden und sie gingen weiter.‹ [1]

> **INMITTEN DES WALDES LIEGT DIE ZWEITE STATION DER STADTMUSIKANTENTOUR.**

KRUSENHOFF /// VERDENERMOORSTRASSE 1 /// 27308 KIRCHLINTELN ///
0 42 38 / 10 53 /// WWW.KRUSENHOFF.COM ///

Die Etappe bis zum Domizil der Katze misst beinahe zehn Kilometer. Die Landschaft links und rechts des Weges bietet aber viel Abwechslung. Beinahe meint man die Unwirtlichkeit des Moores zu spüren, die Mäuse und andere Schädlinge in die Vorratskammern der Bauern trieb. Katzen zählten in der Vergangenheit deshalb zu den unverzichtbaren Begleitern der Menschen. Heute bestimmen aber nicht Katzen und Mäuse das Leben auf dem Krusenhoff, sondern Gäste, die erholsame Ferien auf dem Bauernhof verleben.

DAS DUO MAUSERT SICH ZUM TRIO

Der Krusenhoff liegt inmitten eines ausgedehnten Regenmoors. Ohne Verbindung zum Grundwasser wird es ausschließlich durch Niederschlag und Minerale aus der Luft gespeist. Der hohe Säuregrad und Sauerstoffmangel hemmen die Zersetzung von abgestorbenen Pflanzen und führen zur Torfbildung. Im Verdener Moor wächst die Torfschicht um zirka einen Millimeter pro Jahr. Was hier versinkt, bleibt über Jahrhunderte erhalten. So wurde im Mai 1925 beim Torfstechen ein bettlakengroßes Tuch gefunden, das das Moor beinahe 2000 Jahre verborgen hatte. Aus der Bronzezeit legte man einen sogenannten Stapfweg frei. Mit einem Abstand von einem halben Meter wurden Steine als Pfad verlegt, um auf ihnen durch den Morast zu ›stapfen‹.

> **Tipp**
> Urlaub auf dem **BAUERNHOF** – drei Ferienhäuser und drei Ferienwohnungen bieten genügend Platz für große Familien und unternehmungslustige Gruppen.

Ebenso wenig wie Sie heute mussten Esel und Hund im Märchen durchs Moor stapfen – sie kamen auf dem Weg nach Bremen hier vorbei und … ›Es dauerte nicht lange, so saß da eine Katze auf den Weg und machte ein gar trübselig Gesicht. »Nun, was ist dir dann in die Quere gekommen?« sprach der Esel. »Ei, antwortete die Katze, wer kann da lustig seyn, wenns einem an den Kragen geht; weil ich nun zu Jahren komme, meine Zähne stumpf werden und ich lieber hinter dem Ofen sitze und spinne, als nach den Mäusen herum jage, hat mich meine Frau ersäufen wollen; ich hab mich zwar noch fortgemacht aber nun ist guter Rath theuer; wo soll ich hin?« geh mit uns nach Bremen, du verstehst dich doch auf die Nachtmusik, da kannst du ein Stadtmusikant werden.« Die Katze wars zufrieden und ging mit.‹ [1]

IN DER ABGESCHIEDENHEIT DES MOORES UND DENNOCH VIELE SEHENSWÜRDIGKEITEN SO NAHE.

HEIDEHOF /// RAMELSEN 1 /// 27308 KIRCHLINTELN /// 0 42 36 / 15 55 ///
WWW.STADTMUSIKANTEN.EU ///

Nach sechs Kilometern führt ein Weg zwischen dunklen Tannen hindurch zum Heidehof. Akkurat restaurierte Balkeninschriften und eine altertümliche Hoflampe verstärken den Hauch der Vergangenheit, der über dem Anwesen schwebt. Das älteste Holz, das für das Innengefüge des niederdeutschen Hallenhauses verwendet wurde, hatten die Baumeister bereits vor dem Dreißigjährigen Krieg geschlagen.

KOMM, SEI IN UNSEREM BUND DER VIERTE

Wenn die Besucher schon zu uns kommen, mögen die Hofbewohner gedacht haben, zeigen wir ihnen auch gleich den Alltag der Menschen, die ihre Festtagssuppe mit dem Fleisch des armen Hahns aus dem Märchen anreichern wollten, um sie hochherrschaftlichem Besuch zu kredenzen. Unterstützt vom örtlichen Heimatverein, schufen die Besitzer ein ländliches Museum, das eine ungewöhnlich umfangreiche Ansammlung von Möbeln, Gerätschaften, Gebrauchsgegenständen, Fotografien und Urkunden beherbergt. Radler und Einheimische kommen gern hier vorbei und stöbern in der Vergangenheit.

Tipp Idyllisch gelegene **ALTE HOFANLAGE** mit komplettem Gebäudeensemble (Zweiständehaus, Stall, Scheune, Ziehbrunnen). Führungen nach vorheriger Anmeldung.

Aber schauen wir, wie unsere tierischen Freunde im Märchen das Anwesen erlebten: ›Darauf kamen die drei Landesflüchtigen an einem Hof vorbei, da saß auf dem Thor der Haushahn und schrie aus Leibeskräften. »Du schreist einem durch Mark und Bein, sprach der Esel, was hast du vor.« »Da hab ich gut Wetter prophezeit, sprach der Hahn, weil unserer lieben Frauen Tag ist, wo sie dem Christkindlein die Tücher gewaschen hat und sie trocknen will, aber weil Morgen zum Sonntag Gäste kommen, so hat die Hausfrau doch kein Erbarmen und der Köchin gesagt, sie wollte mich Morgen in der Suppe essen und da soll ich mir heut Abend den Kopf abschneiden lassen. Nun schrei ich aus vollem Hals so lang ich noch kann.« »Ei was du Rothkopf, sagte der Esel, zieh lieber mit uns fort, nach Bremen, etwas besseres, als den Tod findest du überall; du hast eine gute Stimme, und wenn wir zusammen musicieren, so muß es eine Art haben.« Der Hahn ließ sich den Vorschlag gefallen, und sie gingen alle vier zusammen fort.‹ [1]

LANDWIRTSCHAFTLICHER BETRIEB IM ÄLTESTEN NATURSCHUTZGEBIET NIEDERSACHSENS

TOURISMUSBÜRO KIRCHLINTELN /// HAUPTSTRASSE 14 ///
27308 KIRCHLINTELN /// 0 42 36 / 94 24 55 /// WWW.STADTMUSIKANTEN.EU ///

Die letzten fünf Kilometer führen Sie an den Ort der Entscheidung. Vor Ihnen erhebt sich eine kleine Anhöhe, die von dichtem Wald bewachsen ist. Inmitten der Bäume glänzt ein rotes Dach in der Sonne – das Räubernest? Immerhin liegt der Horst, im Niederdeutschen Ausdruck für bucklige Anhöhe, nur wenige hundert Meter vom Handelsweg nach Bremen entfernt und bietet Wegelagerern einen idealen Unterschlupf.

ERFOLGREICH IN DIE FLUCHT GESCHLAGEN

Der Westrand von Kirchlinteln zeigt typische Merkmale einer Geestlandschaft auf engstem Raum: Sanfte Hügel (wie der Horst), wellige Ebenen und kleine Seen, geschaffen durch die letzte Eiszeit. Die hinterließ auch die zahlreichen Findlinge. Granitbrocken aus dem skandinavischen Gebirge ragen wie zufällig hingestreut aus dem sandigen Boden und regen seit jeher die mystischen Fantasien der Menschen an. Wohingegen die Überlieferung von Wegelagerern an diesem Ort wohl keinesfalls als Hirngespinst der Einheimischen abgetan werden kann, wie das Abenteuer der Bremer Stadtmusikanten erahnen lässt: ›Nun machten sie sich auf den Weg nach der Gegend, wo das Licht war und sahen es bald heller schimmern und es ward immer größer, bis sie vor ein hell erleuchtetes Räuberhaus kamen. […] Da rathschlagten die Thiere, wies anzufangen wäre, um die Räuber fortzubringen, endlich fanden sie ein Mittel. Der Esel mußte sich mit den Vorderfüßen auf das Fenster stellen, der Hund auf des Esels Rücken, die Katze auf den Hund klettern, und endlich flog der Hahn hinauf und setzte sich der Katze auf den Kopf. Wie das geschehen war, fingen sie insgesammt auf ein Zeichen an, ihre Musik zu machen; der Esel schrie, der Hund bellte, die Katze miaute und der Hahn krähte, indem stürzten sie durch das Fenster in die Stube hinein, daß die Scheiben klirrend niederfielen. Die Räuber, die schon über das entsetzliche Geschrei erschrocken waren, meinten nicht anders als ein Gespenst käm herein und entflohn in größter Furcht in den Wald.‹ [1]

> **Tipp**
> Sehenswerte **ENDMORÄNENLANDSCHAFT** aus der letzten Eiszeit am Räubernest auf dem Horst zwischen Kirchlinteln und Verden.

> **DIE LETZTE STATION AUF DEN SPUREN DER BREMER STADTMUSIKANTEN.**

Liebe Leser, Sie haben die ›Tatorte‹ des Märchens in Wort und Bild erlebt. Vielleicht verspüren Sie Lust, den Streifzug der vier Freunde in der Realität nachzuempfinden. Dann folgen Sie dem Stadtmusikanten-Weg über stille Seitenwege durch Wald und Feld und Sie erfahren so manches über das Märchen.

EIN MÄRCHEN MIT REALEM HINTERGRUND?

Die Gebrüder Grimm nennen keine Ortsnamen, nur den Bremens, wo die vier Tiere ihren Lebensabend verbringen wollten. Aber warum soll sich die Geschichte gerade im Bremer Süden ereignet haben?

Die Hansestadt lebte seit jeher vom Handel, der hauptsächlich über den Seeweg abgewickelt wurde. Doch auch auf dem Landweg, über die Handelsstraße, die an Verden vorbeiführte, kamen Waren in die Stadt. In den unsicheren Zeiten des Mittelalters ergab es sich, dass genau auf dem Horst bei Kirchlinteln eine Bande von Wegelagerern hauste. Erst als diese vertrieben waren, konnte der Warenverkehr wieder ungestört florieren. Und aus Dankbarkeit für ihre mutige Tat verehren die Bremer ›ihre‹ Stadtmusikanten bis zum heutigen Tag.

Aber die Räuber flohen doch niemals vor vier Tieren?

Im Mittelalter besaß nur die Stadtbevölkerung die Rechte der freien Bürger. Viele Menschen auf dem Lande lebten in Leibeigenschaft und durften die Ländereien des Herren nicht verlassen. Aus seiner Not heraus wagte doch so manch Unfreier die Flucht. Lebte er dann ein Jahr und einen Tag in einer Stadt, wurde er freier Stadtbürger. Auf Druck der Fürsten hob König Heinrich VII. 1231 den Rechtsbrauch auf. Schaffte es in der Folgezeit doch ein Leibeigener in eine Stadt, verbot es sich, darüber zu berichten. Stattdessen ersetzte man den geflohenen Müller durch einen Esel, den entkommenen Jagdgesellen durch seinen Hund …

Natürlich sollen Sie an dieser Stelle noch das Ende des Märchens erfahren:

›Nun setzten sich die vier Gesellen an den Tisch, nahmen mit dem vorlieb, was übrig geblieben war und aßen, als wenn sie vier Wochen hungern sollten.

Wie die vier Spielleute fertig waren, löschten sie das Licht aus und suchten sich eine Schlafstätte, jeder nach seiner Natur und Bequemlichkeit. […] Als Mitternacht vorbei war, und die Räuber von weitem sahen, daß kein Licht mehr im Haus war, auch alles ruhig schien, sprach der Hauptmann: »wir hätten uns doch nicht sollen ins Bockshorn jagen lassen« und hieß einen hingehen und das Haus untersuchen. Der Abgeschickte fand alles still, ging in die Küche wollte ein Licht anzünden und nahm ein Schwefelhölzchen, und weil er die glühenden, feurigen Augen der Katze für lebendige Kohlen ansah, hielt er es daran, daß es Feuer fangen sollte. Aber die Katze verstand keinen Spaß, sprang ihm ins Gesicht, spie und kratzte. Da erschrak er gewaltig, lief und wollte zur Hinterthüre hinaus, aber der Hund, der da lag, sprang auf und biß ihm ins Bein, und als er über den Hof an der Miste vorbei rennte, gab ihm der Esel noch einen tüchtigen Schlag mit dem Hinterfuß, der Hahn aber, der vom Lärmen aus dem Schlaf geweckt und munter geworden war, rief vom Balken herab: »kikeriki!« Da lief der Räuber, was er konnte, zu seinem Hauptmann zurück und sprach: »ach, in dem Haus sitzt eine gräuliche Hexe, die hat mich angehaucht und mit ihren langen Fingern mir das Gesicht zerkratzt, und vor der Thüre steht ein Mann mit einem Messer, der hat mich ins Bein gestochen, und auf dem Hof liegt ein schwarzes Ungethüm, das hat mit einer Holzkeule auf mich los geschlagen, und oben auf dem Dache, da sitzt der Richter, der rief: »bringt mir den Schelm her!« Da machte ich, daß ich fortkam. Von nun an getrauten sich die Räuber nicht weiter in das Haus, den vier Bremer Musikanten gefiels aber so wohl darin, daß sie nicht wieder heraus wollten […].‹ [1]

HF244
BRAKE

STADT BREMERHAVEN

DEUTSCHES AUSWANDERERHAUS /// COLUMBUSSTRASSE 65 ///
27568 BREMERHAVEN /// 04 71 / 90 22 00 /// WWW.DAH-BREMERHAVEN.DE ///

7,2 Millionen Menschen wanderten zwischen 1830 und 1974 über Bremerhaven in die Neue Welt aus. Männer, Frauen und Kinder, ganze Familien beherbergte die Wartehalle des Norddeutschen Lloyd, bevor es zur Einschiffung zur Kaje ging. Aber neben der Erwartung eines besseren Lebens lagen auch Verzweiflung und Trauer in der Luft. Würden sie ihre Familie je wiedersehen? Die wenigsten verließen ihre Heimat freiwillig. Die Hoffnung auf eine Zukunft in der Fremde war für die meisten von ihnen der letzte Rettungsanker.

ABSCHIED UND AUFBRUCH

Die Passagiere haben Glück. Nur leicht wiegt das Dampfschiff Lahn an der Kaje, während sie davor stehen, ihre Heimat zu verlassen, die meisten von ihnen in Richtung Amerika und für immer. Ein Abschied und ein Neuanfang. Die Besucher des Deutschen Auswandererhauses stehen mitten unter den Emigranten, lauschen ihren Abschiedsliedern, aber auch ihren bangen oder hoffnungsvollen Worten, bevor sie mit ihnen an Bord gehen, um nach acht Tagen New York und das ersehnte bessere Leben zu erreichen. Schicksale von Millionen von Menschen, doch jeder von ihnen hat seine ganz persönliche Geschichte, die der Besucher in dem preisgekrönten Erlebnismuseum hautnah erleben kann.

> **Tipp**
> Suchen Sie ausgewanderte Vorfahren? Das **DEUTSCHE AUSWANDERERHAUS BREMERHAVEN** ist nicht nur in diesem Fall eine Reise wert.

›Wer bist du denn?‹ und ›Hast du dich schon gefunden?‹ sind Fragen, die immer wieder zu vernehmen sind. Achtzehn der über 2.500 ausgewählten Biografien deutscher Auswanderer wurden so sorgfältig recherchiert, dass der Besucher in ihren Schuhen erfahren kann, was es heißt, seiner Heimat den Rücken zu kehren. Armut, Arbeitslosigkeit, Verfolgung, aber auch Abenteuerlust. Es gab und gibt viele Gründe, die Menschen aus ganz Europa in die Ferne trieb, doch was es auch war, sie alle hatten ein Ziel: ihr Glück zu machen.

> **BIS ZU 34 FRAGEN, DIE ES GILT, IN WENIGER ALS ZWEI MINUTEN ZU BEANTWORTEN. HÄTTEN SIE EINREISEN DÜRFEN?**

Aber erst wenn sie Ellis Island hinter sich gebracht hatten, waren sie angekommen. Nicht von ungefähr wurde die Einwanderungsstation auch ›Insel der Tränen‹ genannt. Hier wurden Passagiere der dritten Klasse stundenlangen Kontrollformalitäten unterzogen. Bis zu 34 Fragen, die innerhalb von weniger als zwei Minuten beantwortet werden mussten und von denen es abhing, ob man bleiben durfte.

An der Kasse des Deutschen Auswandererhauses in Bremerhaven bekomme ich meinen Boarding Pass. Darauf ist das Portrait einer jungen Frau abgebildet, adrett mit breitkrempigem Hut. Es handelt sich um Martha Hüner, gerade einmal 17 Jahre alt, wie ich erfahre. 1906 in Geestemünde bei Bremerhaven geboren, als älteste von drei Geschwistern.

»GEWISS HEIRATST DU IN AMERIKA 'N COWBOY.«

Ich folge ihren Spuren und werde zurückversetzt in das Jahr 1923. Es ist Freitag, der 30. November. Leichter Schneeregen hat eingesetzt, doch hier in der Wartehalle des Norddeutschen Lloyd stehen wir trocken zwischen unzähligen Besuchern und Reisenden. Die Anspannung ist überall spürbar. Was erwartet uns hinter den verschlossenen Toren?

Dann ist es soweit, die Türen gehen auf und wir müssen uns beeilen, an die Kaje zu kommen, wo bereits ein geschäftiges Treiben herrscht. Rechts ragt die überwältigende Spundwand des Dampfschiffes auf, das sanft im Wasser vor sich hin dümpelt, unberührt von der Hektik und dem Reisefieber um es herum. Wie hat Martha sich in diesem Moment gefühlt? Neben mir erklingt ein jiddisches Abschiedslied, Möwen kreischen. Gerade einmal siebzehn war sie, nie zuvor war sie aus Geestemünde herausgekommen, schon Bremen war eine unbekannte Welt für sie – und jetzt New York!

Allein die tagelange Überfahrt auf dem Schiff, zum ersten Mal auf sich gestellt, getrennt von ihrer Familie, wie ist es ihr dort ergangen?

Doch ich muss mich gedulden. Ehe ich Martha an Bord begleite, erfahre ich in der ›Galerie der 7 Millionen‹ mehr über

MARTHA HÜNER KURZ VOR IHRER ABREISE NACH NEW YORK

sie und Hundert andere, die ihr Schicksal teilten. Mein Herz schlägt ein wenig höher, als ich zwischen all den Schubladen den Namen Martha Hüner finde.

In der Vitrine ein Foto von ihr. Der Tag ihrer Abreise. Martha in Hut und Mantel, mit der Handtasche am Handgelenk, gedanklich schon in Amerika, so scheint es. Selbstbewusst wie eine routinierte Weltenbummlerin kommt sie mir vor und doch weiß ich, dass es ihre erste Reise ist. Alles nur Fassade, um ihre Familie zu beruhigen?

Seit ihrem fünfzehnten Lebensjahr arbeitete sie als Haushaltshilfe und Kindermädchen, sie hatte Arbeit, ein Glücksfall zu dieser Zeit und doch reichte es nur für das Nötigste. Nicht einmal das Stück Seife in der Auslage des Frisörsalons konnte sie sich leisten, wie verlockend mussten da die Briefe ihrer Tante Käthe geklungen haben, die es in New York zu einem bescheidenen Wohlstand gebracht hatte. Überhaupt New York, Amerika! Kultur, Theater, Gesellschaften, alles, wovon ein Mädchen in Geestemünde nur träumen konnte. Wie gut kann ich mir ihre Sehnsucht vorstellen, die sich nach und nach zur Besessenheit steigerte. Sie sog alles in sich auf, was sie über die verheißungsvolle Welt finden konnte, sammelte jeden Zeitungsschnipsel, studierte jede Abfahrtszeit der Dampfschiffe.

Mit dem Höhepunkt der Wirtschaftskrise und der Hyperinflation in der Weimarer Republik erreichte 1923 die Welle der Auswanderer Rekordzahlen, nachdem in den Jahren des Ersten Weltkrieges eine Ausreise über deutsche Häfen unmöglich war. Aber nur wenige, die es wollten, konnten es sich leisten. Auch für Martha Hüner wäre es vermutlich an der Finanzierung gescheitert. Zudem wollte der Vater die minderjährige Tochter nicht ziehen lassen, wer mag es ihm verübeln. Als jedoch ihre Tante Käthe 200 Dollar Reisegeld, das Schiffsbillett und die Bürgschaftspapiere schickte, konnte der Vater sie nicht länger halten und steuerte ein altes Erbstück bei, das Martha bis an ihr Lebensende begleitete. Eine Pferdebürste vom Hof seiner Eltern. »De nimm du man mit. Ick krieg in Bremerhaven doch keen Pferd mehr. Gewiss heiratst du in Amerika ’n Cowboy.«

Einen Cowboy, denke ich und muss lächeln. Was für ein Bild hatte der Vater wohl von Amerika? Ob er als Junge Karl May gelesen hat und selbst heimlich von der Neuen Welt träumte? Davon, wieder Hof und Pferde zu besitzen? Bestimmt beneidete er die Tochter insgeheim. Hat er sie überhaupt je wiedergesehen? Das werde ich erst erfahren, wenn wir in Amerika angekommen sind, und nun muss ich mich sputen, um an Bord zu kommen.

KLIMAHAUS BREMERHAVEN /// AM LÄNGENGRAD 8 /// 27568 BREMERHAVEN ///
04 71 / 9 02 03 00 /// WWW.KLIMAHAUS-BREMERHAVEN.DE ///

Das Klima beschäftigt den Menschen seit Urzeiten. Schon immer hat sich das Klima geändert, aber nie zuvor war der Mensch daran in so hohem Maße beteiligt. Fast täglich lesen wir von der Klimaerwärmung in der Zeitung, aber wie fühlt es sich überhaupt an, dieses Klima? In den Tropen, an den Polen, und wie leben die Menschen dort mit den extremen Temperaturen? Nun, um das herauszufinden, brauchen Sie ungefähr drei Monate Urlaub, ein dickes Bankkonto und einen seetauglichen Magen. Oder aber Sie besuchen das Klimahaus in Bremerhaven.

EINMAL UM DIE GANZE WELT

Und das in knapp drei Stunden und bei nur einem Kilometer Fußmarsch. Einmal um den Globus, von Bremerhaven aus entlang dem 8. östlichen Längengrad und zurück auf dem westlichen 172. Längengrad, durch fünf Klimazonen und neun Reisestationen, die unterschiedlicher nicht sein könnten.

Am Bahnhof von Bremerhaven lernen wir unseren Reisebegleiter Axel Werner kennen und die Familien, die wir auf den einzelnen Etappen besuchen werden, die uns Einblick gewähren, in ihr Land, ihr Leben. Mit dem Zug geht es in die Schweiz, zu Familie Infanger. Kuhglocken und Vogelgezwitscher empfangen uns. Wir üben uns im Melken, lernen Käserezepte und erfahren, dass die idyllischen Berge den Menschen so einiges abverlangen. Mit der Alpbahn geht es weiter über grüne Hänge, die Alpen, das Mittelmeer. Wir finden uns auf einer grünen Wiese auf Sardinien wieder, zwischen hohen Grashalmen und einer achtlos weggeworfenen Getränkedose. Aus der Perspektive eines Insekts erfahren wir, was es mit dem Schmetterlingseffekt auf sich hat. Wie die Sahara den Regen auf Sardinien beeinflusst und vieles mehr. Denn im Grunde gibt es nur ein Klima. Alles hängt zusammen, und ein einziger Flügelschlag eines Schmetterlings kann einen Wirbelsturm auslösen, so die Theorie. Und die Praxis? Die können wir gleich selbst testen, indem wir ein bisschen Wettergott spielen. Dort ein wenig mehr Luftfeuchtigkeit, hier ein wenig mehr Temperatur und schon stehen die Schafe im Regen und wenn man nicht aufpasst, der ein oder andere Besucher gleich mit. Nur gut, dass es vor Alaska noch in die Wüste geht.

Tipp

Begeben Sie sich auf **WELTREISE!** Von Bremerhaven aus geht es in die Schweiz, nach Sardinien, Niger, Kamerun, in die Antarktis, nach Samoa, Alaska und über die Hallig Langeneß zurück nach Bremerhaven.

DER FLÜGELSCHLAG EINES SCHMETTERLINGS KANN EINEN WIRBELSTURM AUSLÖSEN.

Schle. 12

Sicherlich waren die Erbauer der Hansekogge wenig erfreut, als das Handelsschiff im Jahr 1380 kurz vor seiner Fertigstellung während eines Sturms in der Weser versank. Umso mehr freuten sich jedoch die Archäologen, als 1962 bei Baggerarbeiten das Wrack zutage gefördert wurde. Eine Rarität ohnegleichen. Allerdings galt es nun, über 2.000 Einzelteile zusammenzufügen und das Ganze über Jahre hinweg mittels eines hierbei entwickelten Tränkeverfahrens zu konservieren.

SEEMANN, KOMM BALD WIEDER

38 Jahre wurde an der Hansekogge gearbeitet, ehe sie ausgestellt werden konnte, und noch immer sind die Arbeiten nicht abgeschlossen. Dies zeigt, dass das Museum auch seine Forschungsaufgabe akribisch wahrnimmt, und zwar über viele verschiedene Bereiche der Seefahrt. Ich wage zu behaupten, dass es rund um die Seefahrt nichts gibt, was man hier nicht erkunden kann. Und selbst nicht seetaugliche Landratten wie ich können hier jede Menge Interessantes entdecken. Im Mittelpunkt steht die deutsche Schifffahrtsgeschichte mit all ihren internationalen und gesellschaftlichen Verflechtungen. Die Zeitspanne geht dabei vom ersten Einbaum-Kanu bis hin zur modernen Navigation. Niemals zuvor ist mir so bewusst geworden, wie wichtig die Seefahrt damals wie heute für uns Menschen ist. Die Erschließung neuer Länder, der Aufbau von Handelsbeziehungen, Kriegsführung, Fisch- und Walfang, Warentransporte, Polar- und Meeresforschung, Passagierfahrten und Seereisen. Über 70 Prozent unseres Planeten sind mit Wasser überzogen und der Mensch hat gelernt, sich dies zunutze zu machen. Aber das Leben an Bord war nicht immer einfach und die See verlangte ihren Tribut. Die wenigsten Menschen, die sich auf See begeben, tun dies zu ihrem Vergnügen. Nutzen Sie die Gelegenheit und besichtigen Sie das U-Boot Wilhelm Bauer, das hier im Museumshafen liegt, und Sie können eine Vorstellung davon bekommen, was es heißt, Tage und Wochen unter Wasser zu verbringen. In dieser Röhre ist es so eng, dass immer zwei Mann sich ein Bett teilen mussten.

Tipp: Besuchen Sie auch die ›Seute Deern‹ im **MUSEUMSHAFEN** und genießen dort die maritime Küche.

VOM EINBAUM ÜBERS ZWEIMANN-U-BOOT BIS ZUM LUXUSLINER

ZOO AM MEER BREMERHAVEN GMBH /// H.-H.-MEIER-STRASSE 7 ///
27568 BREMERHAVEN /// 04 71 / 30 84 10 ///
WWW.ZOO-AM-MEER-BREMERHAVEN.DE ///

Wer in Bremen, Bremerhaven oder umzu aufgewachsen ist, kennt und liebt ihn von klein auf, den Zoo am Meer. Am 1. August 1913 wurde die heute noch bestehende Strandhalle als Wartehalle des Norddeutschen Lloyd eröffnet, in der es neben einem Restaurant auch ein Nordsee-Aquarium als Anziehungspunkt für die Gäste gab. Dr. Heinrich Lübben, dem ersten Direktor des Bremerhavener Zoos – damals noch Tiergrotten genannt – ist es zu verdanken, dass aus diesem zaghaften Anfang 1928 einer der renommiertesten Themenzoos Europas wurde.

ICH MÖCHTE EIN EISBÄR SEIN

Der Themenschwerpunkt liegt bei Wasser und Kälte. Die Stars der Anlage sind somit verschiedene Robbenarten, Seevögel, Pinguine und natürlich die Eisbären. Aber auch viele kleinere Tiere wie die Otterfamilie oder die frechen und intelligenten Keas können hier in den liebevoll gestalteten Gehegen bewundert werden. Diese Form der Unterbringung war auch einer der Gründe, weshalb der Zoo in den Deutschen und in den Europäischen Zooverband, sowie in den Weltzooverband aufgenommen wurde, was eine hohe Auszeichnung ist.

> **Tipp**
> Unterstützen Sie den **ARTENSCHUTZ** und schenken Ihren Lieben oder sich selbst eine Tierpatenschaft.

In den meisten Gehegen sind die Tiere nur durch eine Scheibe von den Besuchern getrennt und man steht sich unmittelbar gegenüber. Was besonders bei den Pumas und den Eisbären ein imposanter Eindruck ist. Und nicht nur die Menschen, auch viele der Tiere haben Spaß dran, sich mit den Besuchern auszutauschen, wie zum Beispiel die Schimpansen oder das junge Seebärmädchen Shani, das im Mai 2011 aus Rostock nach Bremerhaven kam.

MIT DEM SEEBÄR SCHNAUZE AN NASE

Schimpansen? Sicherlich ist Ihnen aufgefallen, dass diese eigentlich nicht zum Thema des Zoos passen. Eigentlich, denn eine der jüngeren Theorien darüber, warum wir uns von den Menschenaffen unterscheiden, besagt, dass unsere Vorfahren längere Zeit amphibisch gelebt haben. Mit den Schimpansen als Vergleich kann man sich dies gut vorstellen. Ob an der These etwas dran ist, ist nicht belegt, und die Schimpansen hier verdanken ihre Anwesenheit der Tatsache, dass sie schon vor dem großen Umbau in den Jahren 2001–2004 zum Bestand des Zoos gehörten. Verständlicherweise wollte man sich nicht von diesen beeindruckenden Tieren trennen und so können auch wir uns hoffentlich noch lange an ihnen erfreuen.

**MEDITERRANEO /// VAN-RONZELEN-STRASSE 100 /// 27568 BREMERHAVEN ///
04 71 / 92 69 07 90 /// WWW.DAS-MEDITERRANEO.COM ///**

Bremerhaven liegt direkt an der Mündung der Weser ins offene Meer. Wenn man an der Hafenpromenade entlangschlendert, weht einem der Nordwind eine Salzwasserbrise ins Gesicht. Der Blick schweift über die See, während über einem die Möwen kreischen. Eine wunderbare Kulisse für entspannende Sonntagsausflüge oder Urlaubstage. Wie, Sie fahren lieber nach Italien? Sie lieben es, mit einer Eistüte in der Hand durch kleine Gässchen zu schlendern und auf der Piazza Espresso zu trinken? Na, auch dann sind Sie in Bremerhaven genau richtig.

DOLCE VITA IM HOHEN NORDEN

Über den Gassen hängen bunte Fähnchen und Wäsche. Die Fassaden sind in mediterranen Farben gestrichen und die Fenster mit Blumenkästen geschmückt. Vor mir läuft ein junges Pärchen mit zwei kleinen Kindern. Ein gut aussehender dunkelhaariger Mann kommt mir entgegen und lächelt mich an, als sich unsere Blicke treffen. ›Azzurro‹ von Adriano Celentano liegt auf meinen Lippen, aber über die Eingangsstrophe komme ich nicht hinaus und wieder einmal nehme ich mir vor, mein Italienisch aufzufrischen. Warum nicht gleich hier damit anfangen?

> **Tipp:** Bummeln, shoppen, schlemmen: Das **MEDITERRANEO** ist auch an vielen Sonntagen geöffnet.

La strada – die Straße, klar, weiß doch jeder. Hier im Einkaufszentrum Mediterraneo sind die Wege natürlich autofrei und ohne Stolperfallen, und wie es sich für ein italienisches Dorf (villaggio) gehört, ist es warm und trocken.

La moda – die Mode. Elegante Kleidung ist ein Muss für jede Italienerin (la donna), von der bambina bis zur mamma. Aber auch ich könnte mal wieder etwas Neues gebrauchen.

La piazza – der Platz. Aber natürlich keine freie Fläche, im Gegenteil. Hier trifft man sich zum Klönen (chiacchierare), zum Flirten (flirtare) und natürlich zum Essen (mangiare).

BELLA ITALIA AN DER NORDSEEKÜSTE

Il gelato – das Eis. Im Eiscafé Coccato gibt es davon rund 40 Sorten. Von Vanille über Feigencreme bis hin zu Lakritze ist wirklich für jeden Geschmack etwas dabei. Ich blicke mich noch einmal nach dem ›bello ragazzo‹ um und entscheide mich doch lieber für einen Eisbecher auf der Piazza. Dolce far niente!

HAVENWELTEN BREMERHAVEN /// PARKGARAGE: JUSTUS-LION-WEG 4 ///
27568 BREMERHAVEN /// WWW.HAVENWELTEN.DE/ ///

Bunte Flaggen wehen im Wind, tupfen Farbkleckse in den bedrohlich grauen Himmel. Eine steife Brise weht über den Pier, leichter Nieselregen setzt ein. Es ist Hochsommer in Bremerhaven, genauer gesagt, es ist typisches Sail-Wetter. Natürlich sind die Tage, an denen sich hier Dutzende von Schiffen und Seglern, Musikern und Marktleuten versammeln, um Tausende von Schaulustige zu unterhalten, nicht durchweg verregnet. Aber irgendwie hat es Tradition und kaum einer lässt sich von dem ›Schietwetter‹ abhalten, denn das gehört nun mal dazu wie das Salz zum Hering.

MEUTEREI AUF DER BOUNTY

In Bremerhaven trifft sich einmal im Jahr, was in der maritimen Welt Rang und Namen hat. Von der Hansekogge über die Luxusjacht bis zum Speedboot – und wer kein Schiff sein eigen nennt, kommt dennoch, um diese zu bestaunen. Die berühmte Bremerhavener Sail mit der Windjammerparade findet traditionell alle fünf Jahre statt, die nächste wieder 2015. Aber fünf Jahre sind doch eine arg lange Zeit und schlechtes Wetter gibt es schließlich jedes Jahr, ebenso wie die Maritime Festwoche, die inzwischen beinahe so umfangreich und attraktiv geworden ist wie ihre große Schwester, die Sail. An fünf Tagen im Juli findet ein buntes Programm statt, zu Land, zu Wasser und sogar in der Luft, und jedes Jahr lockt eine besondere Attraktion, 2011 war es der Besuch der Bounty. Für alle eingefleischten Landratten: Es handelt sich hierbei nicht um einen Schokoriegel, sondern um den Nachbau des berühmten Meutererschiffs HMS Bounty, dessen Geschichte mit Marlon Brando in der Rolle des Fletcher Christian, der sich dem grausamen Kaptän Bligh widersetzte, verfilmt wurde.

Tipp

Buchen Sie frühzeitig einen der Segeltörns oder verschaffen Sie sich auf der Aussichtsplattform des **HOTELS SAIL CITY** einen Überblick.

MIT MEUTERERN UND WALFÄNGERN IN EINEM BOOT

Wenn Sie bereits im Deutschen Schiffahrtsmuseum waren, haben Sie sicherlich die restaurierte Kogge bewundert. Wie diese für das Mittelalter typischen Schiffe ausgesehen haben, als sie einst stolz in den Hafen einliefen, können Sie hier ebenso bewundern wie Großsegler, Fischerboote oder Kriegsschiffe. Und das nicht nur vom Kai aus. Bei den meisten Schiffen können Sie an Bord gehen und sich von der Crew herumführen lassen. Einige Segler bieten sogar Törns an, sodass Sie sich mal so richtig als Seemann fühlen können.

SCHAUFENSTER FISCHEREIHAFEN /// AN DER PACKHALLE IV ///
ABTEILUNG 12 /// 27572 BREMERHAVEN /// 04 71 / 3 01 00 03 ///
WWW.SCHAUFENSTER-FISCHEREIHAFEN.DE/ ///

Rauchfisch, Bratfisch, Kochfisch, Grillfisch, eingelegter Fisch, geräuchert, gesalzen, mariniert oder naturbelassen. Kurz und gut: Hier gibt es Fisch und Meeresfrüchte in wirklich allen Variationen und auch wer keinen Fisch mag (kaum zu glauben, aber das soll es tatsächlich geben, selbst unter Bremerhavenern), kommt hier auf seine Kosten. Und sogar wenn Sie gar nichts essen möchten, sollten Sie dem Schaufenster Fischereihafen einen Besuch abstatten. Wobei ich wetten möchte, dass Sie bei der Vielfalt an maritimen Köstlichkeiten nicht wiederstehen können, selbst wenn Sie noch so satt sind.

BUTTER BEI DIE FISCHE

Auch lebender Fisch kann hier bewundert werden, nämlich im 150.000 Liter fassenden Meerwasseraquarium im Forum Fischbahnhof. Dort gibt es neben kleinen Geschäften auch das Theater Fischereihafen. Im Mittelpunkt steht aber eben doch der verzehrfertige Fisch mit seinen unzähligen Zubereitungsarten. Bei Fisch gehen die Geschmäcker auseinander, aber eines muss er immer sein, fangfrisch und das ist er hier unter Garantie. Und zwar unabhängig davon, für welches der Restaurants Sie sich entscheiden, die Tür an Tür in der ehemaligen Fischpackhalle untergebracht sind. Am besten schlendern Sie einmal die ganze Reihe entlang und lassen sich von den ausgehängten Speisekarten, den vorbeigetragenen Tellern und den leckeren Gerüchen inspirieren. Und wer lieber richtige Schiffsplanken unter den Füßen haben will, auch dem ist geholfen. Entweder besichtigen Sie vor oder nach dem Essen das Museumsschiff FMS Gera oder Sie verbinden Essen und Besichtigung und statten dem Restaurantschiff Line Hinsch einen Besuch ab. Im Sommer kann man bei so gut wie jedem Restaurant draußen sitzen und auf dem Markplatz zwischen dem Fischbahnhof und der alten Packhalle finden zudem diverse Veranstaltungen statt. Oder sie kaufen sich ein Brötchen mit frischem Granat (kleinen Nordseekrabben), setzen sich auf die Stufen am Hafenbecken und genießen Sonne, Möwengeschrei und den Blick auf Wasser und Boote. Und wenn Sie sich von so viel leckerem Fisch gar nicht trennen wollen, dann nehmen Sie doch einfach welchen mit nach Hause. Sie kennen keine Fischrezepte? Nun, auch hier kann Ihnen geholfen werden bei einem der Kurse im Seefischkochstudio.

Tipp: Nehmen Sie sich Zeit, wenn Sie hierher kommen, denn es gibt neben **LECKEREM FISCH** noch viel mehr zu erleben.

FANGFRISCHER SEEFISCH IN 1001 VARIANTEN

NÖRDLICH VON BREMEN

BURG ZU HAGEN /// BURGALLEE 1 /// 27628 HAGEN IM BREMISCHEN /// 0 47 46 / 60 43 /// WWW.BURG-ZU-HAGEN.DE/ ///

Am Rande des Königsmoores liegt die Burg zu Hagen inmitten von Wiesen und alten Bäumen, nahe dem Flüsschen Drepte. Der rote Backsteinbau lässt nicht sofort eine Burg vermuten, erwartet man aus Kindheitserinnerungen zinnenbewehrte Türme und Burggräben. Einen Burggraben hat es in der Tat gegeben, Reste davon sind noch zu erkennen. Das äußere Erscheinungsbild der Burg ist es demnach nicht, wofür sie bekannt wurde. Es sind zwei in Deutschland einzigartige Begebenheiten, die man im Inneren des Gebäudes erfährt und die in engem Zusammenhang stehen.

EIN BISCHOF VORM TRAUALTAR

Was gibt es Romantischeres als eine Burghochzeit. Sicherlich träumte auch die Kölnerin Anna von Broich vor ihrer Trauung mit Heinrich III., Herzog von Sachsen-Lauenburg, von einer pompösen Feierlichkeit. Immerhin war es eine echte Liebesheirat. Vielleicht ahnte sie aber bereits, dass es doch ein wenig bescheidener ausfallen sollte. Kennengelernt hatte sich das junge Paar in Köln, im Haus von Annas Pflegefamilie Betztorf. Conrad Betztorf war der Mentor von Heinrich III., dem späteren Erzfürstbischof von Bremen, gewesen, der seine Studienzeit in Köln verbrachte. Dank seines ehrgeizigen Vaters wurde er 1566 im Alter von 16 Jahren in sein Amt berufen und keine zehn Jahre später, 1574, zum Fürstbischof von Osnabrück. Als Heinrich III. und Anna von Broich sich 1575 das Ja-Wort in der Burg zu Hagen gaben, war der Herzog demnach in einer bis dahin noch nicht vorgekommen Situation. Vielleicht war dies der Grund, dass als geladene Gäste lediglich das Verwalterehepaar und eine Vertraute der Braut zugegen waren. Heinrich III. war der erste deutsche Erzbischof, der sich offen zum Luthertum bekannte und somit auch den Schritt zum Traualtar wagte. Die zweite Einzigartigkeit der Burg ist im Kapellensaal zu bewundern, in dem die Trauung stattfand. Es handelt sich um eine sogenannte Vorhangmalerei, die in den Farben schwarz-weißgrau die Fenster einrahmt und erst bei den Renovierungsarbeiten 1983 freigelegt wurde. Im Übrigen können sich Heiratswillige noch heute in dem stilvoll renovierten Saal das Ja-Wort geben. Zudem wird die Burg heute als überregionales Veranstaltungszentrum genutzt.

Tipp: Am Sonntagnachmittag laden die Landfrauen zu Selbstgebackenem in die Burg ein (außer Ende November bis Ende Januar). Machen Sie anschließend einen Rundgang durchs KÖNIGSMOOR.

EINE 500 JAHRE ALTE BURG AM RANDE DES KÖNIGSMOORS

PARKPLATZ AM ENDE DES LEHNSTEDTER WEGES ///
ABZWEIGEND VON DER L 149 /// 28790 SCHWANEWEDE ///

Das heutige Naherholungsgebiet ist einem Umweltfrevel zu verdanken. Kilometerweit rissen Pflüge, die von Dampfmaschinen gezogen wurden, die Erde auf und begruben die Heide unter sich. Unter der Führung des berittenen Försters Schmidt wurde das Flurstück zwischen Heilshorn und Garlstedt aufgeforstet und ist heute eines der größten Waldgebiete in Bremen und umzu. Doch auch kleinere Heideflächen sind noch zu erkennen. Zum Dienstjubiläum von Schmidt im September 1840 erhielt es den Namen ›Schmidts Kiefern‹.

HAKE BETCKEN SIENE DUBEN

»Ganz schön nebelig hier.« »Das ist Bodennebel, das haben wir hier öfter in den Abendstunden oder am frühen Morgen.« »Was war das denn für ein Geräusch?« »Eine Taube ist aufgeflattert. Vielleicht war es ja eine von Hake Betckens Tauben.« »Wessen Tauben?« »Na, Hake Betcken, der wurde genau an dieser Stelle ermordet, drum heißt der Wall zwischen Siedlung und Wald hier auch Mörderberg. Der reiche Viehhändler aus der Gegend ging hier auf dem ›Alten Bremer Weg‹ zurück nach Büttel, als er überfallen und beraubt wurde. Seine Mörder wurden überführt, weil sie sich wenig später auf dem Markt in Dedesdorf selbst verraten haben. Ein Schwarm Tauben war aufgeflogen und einer der Schurken hatte gerufen: »Süh, dat sünd Hake Betcken siene Duben!« Einige Umstehende waren aufmerksam geworden und haben nachgefragt, was sie wohl über Hake Betcken wüssten. Die drei gestanden schließlich und wurden hingerichtet.«

»Schöne Schauergeschichte.« »Ja, nicht. Aber es wird noch besser. Hake Betcken selbst hat im Sterben einen Schwarm Wildtauben, die über ihm aufflatterten, damit beauftragt, die Mordtat aufzudecken. Ich glaube ja, dass er hier sogar noch rumspukt.« »Na klar. Warte mal eben, ich hab einen Stein im Schuh. Kannst du mich kurz festhalten. Danke! Mann, das ist aber auch nebelig. Löst der sich bald mal auf? – Hallo Manni?« »Ich bin hier drüben.« »Wie dort drüben? Aber du hast mich doch gerade hier … also ich …« »Was hast du gesagt?« »Ach nichts, nur dass ich jetzt wirklich nach Hause muss.«

Tipp

Am besten parken Sie beim Naturfreundehaus, von dort aus wandern Sie nach rechts am Waldrand entlang Richtung **HEILSHORN.** Etwa 200 Meter vor den stillgelegten Schienen liegt der Mörderberg, rechts vom Weg. Oder Sie gehen geradeaus, bis zu den drei Weihern. Am besten besorgen Sie sich eine Karte.

HÜGELGRÄBER UND EIN MÖRDERBERG

TOURIST-INFORMATION /// RATHAUSSTRASSE 1 ///
27711 OSTERHOLZ-SCHARMBECK /// 0 47 91 / 17 3 17 ///
WWW.OSTERHOLZ-SCHARMBECK.DE ///

Osterholz-Scharmbeck, der Name lässt es schon erahnen, ist ein Zusammenschluss zweier Dörfer. Die beiden einzelnen Orte lassen sich heute noch entlang der Bahnlinie trennen und dabei war es genau diese Bahnstrecke, die die beiden Orte 1862 vereinte, indem zum ersten Mal die Ortsnamen in einem Wort zusammengefasst wurden. Wohl weil es einfacher war und zwei Bahnhöfe reichlich übertrieben gewesen wären. Der offizielle Zusammenschluss erfolgte allerdings erst im Jahre 1927. Aber die Bahnverbindung von Bremen nach Geestemünde – heute ein Stadtteil von Bremerhaven – brachte der Kreisstadt noch viel mehr ein.

VON TABAKDREHERN UND VIEHHÄNDLERN

Die Region rund um Bremen wird als Bremer Speckgürtel bezeichnet. Heute liegt es daran, dass dort viele Menschen leben, die in Bremen ihr Einkommen verdienen, ihre Steuern aber zum Leidwesen des kleinsten Bundeslandes in Niedersachsen bezahlen. Der Grund dafür sind die niedrigeren Grundstückspreise im Umland. Im 19. Jahrhundert war es die unterschiedlich hohe Tabaksteuer. Sie war in Niedersachsen geringer als in Bremen, sodass sich rund um die Hansestadt Tabakunternehmen ansiedelten. Viele davon in Osterholz-Scharmbeck, wobei die überwiegende Anzahl der Zigarren in Heimarbeit gedreht wurde. Überhaupt war Bremen zu jener Zeit ›Ausland‹ und die Grenze zwischen Niedersachsen und Bremen eine der am stärksten bewachten im Kaiserreich. Auf der Wümme gab es sogar ein Zollboot mit einer Kanone am Bug, dies vor allem zur Abschreckung der Salzschmuggler. Wobei es hier genau umgekehrt und Salz in Bremen günstiger war. Von der Tabakära des Städtchens konnte nicht viel in die Gegenwart gerettet werden, außer der traurigen Tatsache, dass Jan Philipp Reemtsma während seiner Entführung im April 1996 ganz in der Nähe der Geburtsstadt seines Vaters gefangen gehalten wurde.

> **Tipp:** Machen Sie auf dem Herbstmarkt bei der **TRADITIONELLEN BULLENWETTE** mit.

MIT KANONEN GEGEN SCHMUGGLER

Ein anderer wirtschaftlich bedeutender Zweig wird allerdings bis heute noch gefeiert. Der Scharmbecker Viehmarkt, der am 17. Oktober 1748 zum ersten Mal stattfand und lange Zeit einer der bedeutendsten Viehmärkte in der Gegend nordwestlich von Hannover war. Heutzutage findet der Herbstmarkt im September statt. Vieh gibt es immer noch, allerdings überwiegend in handlichen Portionen vom Grill.

MUSEUMSANLAGE OSTERHOLZ-SCHARMBECK /// BÖRDESTRASSE 42 ///
27711 OSTERHOLZ-SCHARMBECK /// 0 47 91 / 1 31 05 ///
WWW.MUSEUMSANLAGE-OSTERHOLZ-SCHARMBECK.DE/ ///

Rund um die Museumsanlage in Osterholz-Scharmbeck offenbart sich alles, was die sogenannte Norddeutsche Tiefebene ausmacht. Feuchtwiesen durchzogen von Wassergräben, grasende Wildgänse und schwarz-weiße Kühe. Auf der Hamme schippern die Torfkähne entlang. Hinter der Backsteinmauer der Museumsanlage stellt sich ein reetgedecktes Bauernhaus von 1701 mit Streuobstwiese, Backhus und dahinter eine Flechtscheune zur Schau. Es ist der ehemalige Schrödersche Hof, der unweit von hier in Scharmbeckstotel gestanden hat.

KOMMT EIN VOGEL GEFLOGEN

Genau genommen sind es unzählige Vögel, die hier im Vogelschutzgebiet in der Hammeniederung fliegen, rasten, brüten, balzen, oder was immer Vögel eben so tun. Da ist der kleine Bodenläufer mit der schwarzen Haube, der emsig zwischen den Gräsern pickt. Ein hüfthoher Langschnabler mit roten Beinen und überwiegend weißem Gefieder stolziert dicht daran vorbei. Nun klar, ein Storch, kennt man doch. Aber Storch ist nicht gleich Storch – und die vielen anderen Vögel, die es hier noch zu entdecken gibt? Wie heißen sie, was machen sie im Winter? Ich bin noch am Rande des Schutzgebietes und merke schon, dass mein Wissen über Amsel, Drossel, Fink und Star nicht weit hinausgeht. Und selbst innerhalb dieser Gruppen kenne ich nur wenige Unterarten. Nur gut, dass es hier gleich um die Ecke die Museumsanlage Osterholz-Scharmbeck gibt. Neben dem heimatkundlichen Bereich, dem alten niedersächsischen Bauernhaus und den Torfkähnen gibt es hier das Norddeutsche Vogelmuseum. Hier können Sie sich auf gut 800 Quadratmetern in einer der umfangreichsten Sammlungen über die mitteleuropäische Vogelwelt informieren, ehe Sie sich auf den Klosterweg begeben, der gleich hinter dem Museum losgeht und mit drei Kilometern Länge zu Fuß oder mit dem Rad gut zu bewältigen ist. Vorbei an der Klosteranlage St. Marien geht es durch das Schutzgebiet und wieder zurück. Das Museum befindet sich im Übrigen auf dem Gelände des ehemaligen Wirtschaftshofes des 1182 gegründeten Benediktinerklosters.

> **Tipp:** Machen Sie hier Ihr Patent zum **TORFSCHIFFER** oder Ihr Diplom zum Milchbauern.

> **DIE HEIMISCHE VOGELWELT AUS NÄCHSTER NÄHE**

TIETJENS HÜTTE /// AN DER HAMME 1 /// 27711 OSTERHOLZ-SCHARMBECK ///
0 47 91 / 9 82 95 60 /// WWW.TIETJENS-HUETTE.DE ///

»Mein Schwiegersohn ist Pinkelkönig geworden«, erzählte meine Mutter vor einigen Jahren stolz ihren Arbeitskollegen, was natürlich sofort Gelächter nach sich zog und meine Mutter zum Grübeln brachte. »Also, nicht was ihr jetzt denkt«, lenkte sie ein. »Pinkel, das hat nichts mit pinkeln zu tun, das ist so eine alte Bremer Tradition.« Dass Pinkel aber im Grunde doch etwas mit pinkeln zu tun hat und es nicht Pinkel- sondern Kohlkönig heißt, konnte sie als Fränkin natürlich nicht wissen.

KOHL UND PINKEL

Pinkel ist eine Grützwurst und eine unverzichtbare Zutat zu Bremer Grünkohl, oder heißt es Braunkohl? Die Pflanze an sich heißt Grünkohl, sie ist anspruchslos und frostbeständig, sodass sie den ganzen Winter über geerntet werden kann. Damit sie richtig schmeckt, muss sie wenigstens einmal Frost abbekommen haben. Da der Grünkohl kleingeschnippelt und gut eingekocht erst richtig schmeckt, sagen viele auch Braunkohl, wegen der dann leicht bräunlichen Farbe. Unter welchem Namen Sie ihn aber auch bestellen, man wird Sie in Bremen und umzu verstehen. Zum Grünkohl werden in Bremen Salzkartoffeln, deftige Wurst- und Fleischwaren wie Kochwurst, Bauchspeck oder Kassler gegessen und natürlich Pinkel. Diese Wurst ist eine Mischung aus Schweineschmalz, Rindertalg und Hafer- oder Gerstengrütze. Für die Herkunft des Namens gibt es zwei Theorien. Damit sie richtig eindickt, wurde sie früher eine Zeitlang unter die Decke gehängt und dabei konnte es schon mal sein, das etwas von dem Fett herauspinkelte. Die zweite Theorie leitet sich von ›Pink‹ ab, was im Friesischen soviel wie ›kleiner Finger‹ oder ›Würstchen‹ bedeutet. Aber auch ein bestimmtes männliches Körperteil wurde so bezeichnet. Weil solch deftiges Essen am besten in feuchtfröhlicher Gesellschaft schmeckt, trifft man sich zu den traditionellen Kohlfahrten, bei denen der Kohlkönig gekürt wird.

Tipp

Kohl und Pinkel schmeckt am besten nach einem langen Spaziergang durch die frostige HAMMENIEDERUNG. Und zum Nachtisch gibt es Bremer rote Grütze mit Vanillesauce oder einen zur Verdauung.

KOHLKÖNIG UND PINKELNDE WÜRSTE

Eines der schönsten Lokale für traditionelles Bremer Essen ist Tietjens Hütte. Das Restaurant ist in einer der Hammehütten untergebracht, die im 19. Jahrhundert Rast- und Handelsplätze für Torfschiffer und –bauern waren.

ZIONSKIRCHE WORPSWEDE /// AN DER KIRCHE 5 /// 27726 WORPSWEDE /// 0 47 92 / 9 63 35 ///

Das bei weitem bekannteste Dorf im Umland von Bremen ist Worpswede. Was allerdings nicht darauf zurückzuführen ist, dass die Besiedlung des Dorfes bis in die Bronzezeit zurückreicht. Es ist die eher jüngere Vergangenheit, die es berühmt gemacht hat: Die Gründung der Künstlerkolonie im Jahre 1889 durch eine Handvoll damals noch unbeachteter Maler, deren Namen inzwischen weit über die Grenzen Deutschlands bekannt sind. Allen voran Paula Modersohn-Becker, die hier ihren ganz eigenen, weltberühmten Stil gefunden hatte.

VON RIESEN, TEUFELN UND KÜNSTLERN

Wie kommt ein Berg ins Moor? Verbindet man Moor doch mit weiten Ebenen, allemal durchbrochen von Entwässerungsgräben und einsamen Birken. Der Sage nach hat sich der Riese Hüklüth, der im Teufelsmoor lebte, ein Sandkorn aus einem seiner Stiefel geschüttelt. Es fiel zu Boden und ist nun als Weyerberg die bedeutendste Erhebung der Hammeniederung.

Nun gut, Berg ist natürlich Auslegungssache und so mancher Bayer hat schon auf dem Weyerberg gestanden und verzweifelt nach ihm Ausschau gehalten, denn streng genommen reichen die knapp 53 Meter gerade einmal für die Bezeichnung Hügel. Dennoch hat man von hier oben einen wunderbaren Ausblick über das sonst brettelflache Land, über das Teufelsmoor hinweg bis nach Bremen.

Tipp

In der **ZIONSKIRCHE** auf dem Weyerberg finden Sie Wandmalereien von Paula Modersohn-Becker, die sie als Strafarbeit anfertigen musste.

Die Eigenwilligkeit der Landschaft, dieses ganz besondere Licht waren es denn auch, was die Worpsweder Maler so faszinierte und dem in vielen ihrer Werke eine exponierte Rolle zukommt. Doch einer der jungen Malerinnen reichte es bald nicht mehr, Landschaft und Licht immer wieder möglichst naturgetreu nachzuempfinden. Sie hatte ihre ganz spezielle Sichtweise auf die Region und ihre Bewohner. Wurde sie zu Beginn noch von den Torfbauern skeptisch betrachtet, schloss man ihr bald die Herzen auf. Besonders die Kinder malte Paula immer wieder. Ihr eigenes kleines Mädchen sollte sie jedoch niemals auf eine Leinwand bannen, denn schon drei Wochen nach der Geburt starb Paula Modersohn-Becker. Sie liegt auf dem Friedhof am Weyerberg begraben und sieht, mit dem Kind auf ihrem Schoß, verträumt in die geliebte Landschaft.

DAS KÜNSTLERDORF IM TEUFELSMOOR

Wenn man den Barkenhoff (niederdeutsch für ›Birkenhof‹) sieht, kann man sich nicht mehr vorstellen, was er einst war: ein heruntergekommenes kleines Rauchhaus auf halber Höhe des Weyerberges. Man kann es noch erahnen, wenn man das Bild ›Mein Haus‹ von Heinrich Vogeler betrachtet, in dem er sein künftiges Zuhause festgehalten hat, in dem Zustand, bevor er es zu einer prächtigen Jugendstil-Villa ausbaute. Heinrich Vogeler war der jüngste der alten Worpsweder Künstler und bald schon einer der erfolgreichsten. Sein Wohnhaus, das er 1895 erworben hatte, sollte ein ähnlich bewegtes Leben erfahren wie er selbst.

VOM MÄRCHENHOF ZUM STÜTZPUNKT DER REVOLUTION

Wie vielfältig das Schaffen Heinrich Vogelers war, kann im Barkenhoff bewundert werden. Dort gibt es eine feine Auswahl an Bildern, Grafiken, Möbeln, Bestecken, Schmuck, Porzellan und einiges mehr. Er war einer der bedeutendsten Gestalter in der Hochphase des Jugendstils.

Bald schon wurde der Weiße Saal des Barkenhoff zum kulturellen Zentrum. Dort trafen sich Künstler und Literaten, um unzählige lebhafte Abende zu verbringen. Freundschaften wurden bei diesen Geselligkeiten geschlossen, wie die zwischen der Malerin Paula Becker und der Bildhauerin Clara Westhoff, der späteren Frau von Rainer Maria Rilke. Der Barkenhoff war Werkstatt, Atelier, Raum zum Wohnen und für den künstlerischen Austausch und das ist er auch heute wieder. Dazu gibt es neben dem Museum ein Künstlerstipendium und das Sommertheater.

Tipp

Besuchen Sie in den Sommermonaten unbedingt eine der Freiluftaufführungen des **SOMMERTHEATERS.**

Mit dem Ersten Weltkrieg sollte sich das Schicksal für den Barkenhoff und seinen Besitzer einschneidend ändern. Nach einem Protestbrief und Friedensappell Vogelers an den deutschen Kaiser wurde der Künstler unter Polizeiaufsicht gestellt und sogar kurzzeitig verhaftet. 1919 wurde der Künstlertreff zu einer Siedlungskommune mit Arbeiterschule unfunktioniert. Im Jahr darauf zog Martha Vogeler mit den Töchtern in das Haus am Schluh. Vogelers finanzielle Situation, der sich jetzt ganz dem Sozialismus verschrieben hatte, wurde zusehends prekärer, 1932 war er gezwungen, den Barkenhoff zu verkaufen. 1942 starb er bettelarm in einem Krankenhaus im heutigen Kasachstan.

AUCH DER WORPSWEDER BAHNHOF WURDE VON HEINRICH VOGELER ENTWORFEN.

MUSIC HALL WORPSWEDE E. V. /// FINDORFFSTRASSE 21 ///
27726 WORPSWEDE /// 0 47 92 / 9 61 51 ///

Zugegeben, die meisten denken bei Worpswede an Malerei. Aber nicht nur für Maler, Bildhauer und Lyriker hat Worpswede ein Herz, auch Musiker sind hier zu Hause oder zumindest gern zu Gast. Die Music Hall und die Kneipe ›Zur Kogge‹ erfreuen sich unter Künstlern wie Zuhörern gleichermaßen hoher Beliebtheit. Selbst in Amerika ist der Name der kleinen Veranstaltungshalle längst ein Begriff. Die Liste der Künstler, die hier anfragen, um auftreten zu dürfen, ist lang und trägt Rang und Namen.

WENN BLUESRHYTHMEN ÜBER DAS MOOR WEHEN

Die alte Brinkkate hat viele kommen und gehen sehen, denn schon immer war sie offen für Gäste. Bereits beim Bau 1750 wurde eine Gaststätte eingeplant. Diese Schankwirtschaft war es übrigens auch, in der 1756 der Beschluss gefasst wurde, eine Kirchengemeinde zu gründen und eine Zionskirche zu errichten. Heute teilen sich die Music Hall und die Kneipe ›Zur Kogge‹ das Haus. Ein erfolgreiches Team, wie sich gezeigt hat.

Es ist ein nebliger, aber warmer Abend im Juli. Künstler und Gäste sitzen Schulter an Schulter am Tresen oder musizieren und lauschen im hinteren Zimmer, das die Kneipe mit dem Bühnenraum der Music Hall verbindet. Dicht gedrängt sitzt man rings um die Musiker, es ist eng zwischen Keyboard und Gitarre, es wird improvisiert, gelacht und getrunken, ganz wie es sich für eine Session gehört. Die Tür zum Gehweg steht offen. Immer wieder bleiben Passanten stehen, werfen einen Blick ins Innere, lauschen eine Weile den verträumten Blues-Rhythmen.

Tipp: Neben Musik gibt es auch Theater, Lesungen, Partys und Kinovorführungen in der **MUSIC HALL**.

Die Blues-Session war eine Vatertagsidee und vielleicht waren die Musiker auch schon etwas angeheitert dabei, eine Schnapsidee war es aber ganz bestimmt nicht. Sie ist inzwischen ein fester Bestandteil, ein Treffpunkt für Musiker und Musikfans nicht nur aus Worpswede. Steve Westaway ist einer der Gründungsväter und eine feste Größe in der Szene. Neben den Sessions in der Kneipe gibt er mit seiner Band auch Konzerte im großen Saal der Music Hall. Unzählige nationale und internationale Musiker waren hier schon zu Gast und kommen immer wieder gerne, unter ihnen Helen Schneider, die, wie viele andere, ein überzeugter Worpswedefan geworden ist.

RHYTHM AND BLUES IM KÜNSTLERDORF

TOURISTIKAGENTUR TEUFELSMOOR-WORPSWEDE-UNTERWESER E. V. ///
BERGSTRASSE 13 /// 27726 WORPSWEDE /// 0 47 92 / 93 58 20 ///
WWW.KULTURLAND-TEUFELSMOOR.DE ///
CAFÉ ZUM BRINKHOF /// TEUFELSMOORSTRASSE 4 ///
27711 OSTERHOLZ-SCHARMBECK /// 0 47 96 / 95 10 95 ///

Wenn sich der Himmel wieder einmal zugezogen hat und dicke, grauviolette Wolkenberge sich über dem Grasland auftürmen. Wenn der Wind die Birken biegt und die Sonne nur gelegentlich hervorlugt, um sich in den Wassergräben zu brechen, dann kann man sich nur zu gut vorstellen, dass hier des Nachts der Teufel über die Grasfläche zieht und seine Opfer mit Irrlichtern ins Moor treibt. Nur hat der Name Teufelsmoor nichts mit dem Teufel zu tun, auch wenn es verteufelt schwer war, mit Torfabbau seinen Lebensunterhalt zu bestreiten.

DEN ERSTEN SIEN DOT, DEN TWEETEN SIEN NOT, DEN DRÜTTEN SIEN BROT

Der Name Teufelsmoor hat sich aus ›dove Moor‹ zu ›Düvelsmoor‹ (Teufelsmoor) entwickelt. Karges und unfruchtbares Land war alles, was die Siedler zwischen Wümme und Oste vorfanden, und so gaben sie diesem Landstrich seinen Namen, unfruchtbares, sprich ›doves‹ Moor. Erst ab dem 18. Jahrhundert wurde es großflächig entwässert und kultiviert und es dauerte in der Regel drei Generationen, bis die Familien vom Torfabbau und der Bewirtschaftung leben konnten. Daher stammt der Ausspruch: ›Den ersten sien Dot, den tweeten sien Not, den drütten sien Brot‹ (dem ersten sein Tod, dem zweiten seine Not, dem dritten sein Brot). Auch verlief die Moorbesiedelung nicht durchweg friedvoll, versuchten doch die wenigen Bauern, die sich schon zuvor dort angesiedelt hatten, ihr Land gewaltsam zu verteidigen.

Tipp: Besuchen Sie unbedingt das **CAFÉ ZUM BRINKHOF** und essen dort hausgemachte ›Teufelsmoortorte‹.

Heute steht die Landschaft unter Naturschutz und der Torfabbau wurde weitestgehend eingestellt, sodass zumindest Teile der ursprünglichen Torflandschaft erhalten geblieben sind. Auch die Torfkähne gibt es noch, nur schippern sie heute Touristen von Worpswede über Osterholz-Scharmbeck bis nach Bremen-Findorff, einem Stadtteil, der seinen Namen von dem königlichen Moorkommissar hat. Jürgen Christian Findorff war für die Fruchtbarmachung des Teufelsmoors zuständig. Auf einer Torfkahnfahrt kann man in aller Ruhe die Reize dieser Landschaft genießen, die gestern wie heute unzählige Künstler inspiriert hat. Bei schlechtem Wetter oder für alle, die lieber an Land bleiben, kann man auch per Zug – mit dem Moorexpress – von Ort zu Ort fahren, oder ganz sportlich zu Fuß oder mit dem Rad diese einmalige Landschaft erkunden.

WIE IRRLICHTER IM MOOR

PARKEN: PARKHAUS HAVEN HÖÖVT /// ZUM ALTEN SPEICHER 1 – 2 ///
28759 BREMEN /// WWW.VEGESACKER-HAFEN.DE ///

Der zunehmenden Versandung der Weser, ebenso wie der Tatsache, dass sie im Winter immer wieder zufror, verdankt Vegesack seine wirtschaftliche Bedeutung. Immer öfter konnten große Segelschiffe nicht weseraufwärts fahren. Der Bremer Senat erwarb Land an der Lesummündung und der erste künstliche Hafen auf deutschem Boden entstand in den Jahren 1619 bis 1623. Im 19. Jahrhundert kamen die Werften Friedrich Lürssen und der Bremer Vulkan hinzu. Und noch heute kann sich, wer denn das nötige Kleingeld hat, bei der Werft Abeking & Rasmussen auf der anderen Weserseite eine nette kleine Jacht bauen lassen.

DES EINEN LEID, DES ANDEREN FREUD

Mit der Gründung Bremerhavens um 1830 verlor Vegesack seine Bedeutung als Hafenstadt allerdings wieder. Doch während der Vegesacker Schiffbau in die Krise geriet, entdeckten Bremer Kaufleute, unter ihnen Baron Knoop, die Schönheit des Landstrichs dank der neuen Bahnverbindung. Entlang der Lesumer- und der Weserdüne entstand das sogenannte Millionenviertel. Aber die Vegesacker ließen sich nicht unterkriegen. Jahrhundertelang war Vegesack von der Schifffahrt, dem Schiffbau, Walfang, Fischfang und der Fischverarbeitung geprägt und noch heute sind die Vegesacker stolz auf ihr maritimes Flair. So gibt es jedes Jahr gleich mehrere Festlichkeiten, in denen man diesen Umstand ausgiebig feiert. Zum Beispiel das Vegesacker Hafenfest im Juni oder das Festival Maritim im August. Eines von beiden sollten Sie zumindest einmal besucht haben. Auf zahlreichen Bühnen gibt es nicht nur Seemannsmusik und in den Buden entlang der Weser locken kulinarische Genüsse aus aller Welt. Am besten schlendern Sie vom Einkaufszentrum Haven Höövt einmal rund um den historischen Hafen. Oder Sie gehen über die modernste Fußgängerklappbrücke der Welt und weiter bis zur Weserpromenade. Vor dem 350 Jahre alten Hafenhaus finden Sie den Bronzeabguss des Unterkiefers eines Blauwals. Das Original war ein Geschenk des norwegischen Reeders Anders zum Gedenken an die Walfänger, die von hier in die grönländische See aufbrachen. Entlang der Weser, vorbei an dem wundervoll gestalteten Stadtgarten gelangen Sie zur Gläsernen Werft.

Tipp

Setzen Sie sich auf eine der Bänke in der kleinen Allee der **WESERPROMENADE**. Lassen die Seele baumeln und das maritime Flair auf sich wirken.

VON WALFÄNGERN UND SCHIFFSBAUERN

ALTES PACKHAUS VEGESACK /// ALTE HAFENSTRASSE 30 /// 28757 BREMEN ///
WWW.OVERBECK-MUSEUM.DE /// WWW.KITOINBREMEN.DE ///

Die junge Kunststudentin Hermine Rohte verliebte sich in Fritz Overbeck schon, bevor sie ihm vorgestellt wurde. Es waren seine Landschaftsbilder, die sie auf einer Ausstellung im Glaspalast in München bewunderte und die sie so anrührten, dass sie kurzentschlossen nach Worpswede zog, um Fritz Overbecks Schülerin zu werden. Nur ein Jahr später, 1897, heiratete das Paar. Im Gegensatz zur Ehe von Otto Modersohn und Paula Modersohn-Becker war es eine durchweg glückliche Verbindung. Aber auch sie fand ein viel zu frühes und tragisches Ende.

KUNST UND KISTENTOD IM ALTEN PACKHAUS

In der Landschaft rund um Worpswede hatte Fritz Overbeck schnell sein bevorzugtes Motiv gefunden, das er selbst wie folgt beschrieb: ›… wenn wir diesen Himmel nicht hätten, welcher alles, selbst das Unbedeutendste adelt, …‹ [2]

Tipp: Hierhin müssen Sie unbedingt mindestens zweimal kommen, tagsüber ins Museum und abends zu einer der Aufführungen im KITO.

Während er schon zu Lebzeiten ein vielbeachteter Künstler war, hielt sich seine Frau Hermine Overbeck-Rohte im Hintergrund. Dabei musste sie den Vergleich mit ihm bei weitem nicht scheuen. Ihre Bilder, die im Alten Packhaus zusammen mit denen ihres Mannes ausgestellt sind, zeigen eine fortschrittliche Künstlerin mit einem ganz eigenen Stil. Auch sie liebte die Landschaftsmalerei, war jedoch nach der Geburt der beiden Kinder längere Zeit wegen einer Tuberkuloseerkrankung ans Bett gefesselt. Fritz errichtete ihr eine Staffelei, mit der sie im Liegen malen konnte, und so entstand eine ganze Reihe einzigartiger Stillleben der Künstlerin. Als sie 1909 endlich als geheilt aus einem Sanatorium nach Hause zurückkehrte, starb Fritz Overbeck nur wenige Tage später überraschend an einem Hirnschlag. Er war nur 39 Jahre alt geworden.

STILLE LANDSCHAFTEN UND RASANTE UNTERHALTUNG

Neben dem Overbeck-Museum ist das KITO im Alten Packhaus untergebracht. In der obersten Etage wird kurzweilige und anspruchsvolle Unterhaltung von Musik über Kabarett bis zu Literatur geboten, die den Ort längst bundesweit bekannt gemacht haben. Was bedeutet KITO eigentlich, frage ich und erhalte die schmunzelnde Antwort: Kistentod. Was daher stammt, erklärt man mir weiter, dass hier einst eine Kartonfabrik untergebracht war, deren Produkte die bis dahin üblichen Holzkisten verdrängten.

Im alten Speicher in Vegesack, zwischen dem historischen Hafen und dem Schulschiff Deutschland ist seit 2011 neues Leben eingekehrt. Hier dreht sich nach langen Jahren nun wieder alles um Schifffahrt, Schiffbau, Fischerei und den Handel zur See. Die Besonderheit liegt darin, dass Geschichte, Gegenwart und Zukunft verwoben werden. Über eine ganze Reihe von interaktiven Stationen können Sie je nach Wissensdurst tiefer in die einzelnen Themen einsteigen und für Kinder gibt es zu jedem Bereich eine Mitmachstation.

VON HAIFISCHHÄUTEN UND ANHÄNGLICHEN PFLANZEN

Anders als in einem klassischen Museum kann hier nicht nur Historisches besichtigt und erfahren werden, sondern es geht hier vor allem darum, Zusammenhänge zu begreifen. So wird der Gang durch das Spicarium (lateinisch für Speicher) zu einer Wissensreise rund um den Standort Vegesack, Schiffbau und Schifffahrt. Von der Vergangenheit über die Gegenwart in die Zukunft. Besonders faszinierend fand ich den Bereich Bionik. Im Grunde brauchen wir nichts neu erfinden, um fortschrittlicher, schneller oder umweltfreundlicher zu werden, wir müssen einfach nur mit offenen Augen durch das Leben und die Natur laufen. Das Wort Bionik setzt sich so auch aus den Begriffen Biologie und Technik zusammen. Schon heute verwenden wir viele Dinge, die wir der Bionik zu verdanken haben, ohne dass wir uns dessen bewusst sind. Ein Beispiel dafür ist der Klettverschluss, dessen Name schon erahnen lässt, wo er abgekupfert wurde. Im Spicarium können Sie die Forschungsprojekte der Hochschule Bremen in ihren unterschiedlichen Entwicklungsstadien verfolgen. Und gerade für den Schiffbau gibt es vieles, was wir von der Natur lernen können. Unter den extremen Lebensbedingungen im Meer hat die Natur Erstaunliches hervorgebracht. In der fluiddynamischen Bionik wird unter anderem erforscht, wie Oberflächenstrukturen mit dem Medium interagieren, in dem sie sich befinden, beispielsweise die Beschaffenheit der Haut eines Haies, der zu den schnellsten Schwimmern im Meer zählt. Aber wir können natürlich zukünftig nur von der Natur lernen, wenn wir sie nicht zuvor zerstören, und so ist auch der Umweltschutz ein wichtiges Thema.

Tipp

Tauchen Sie durch die Nebelwand ein in das Jahr **1848.** An jedem zweiten Sonntag lassen Schauspieler für Sie Geschichte lebendig werden.

VIRTUELLE MÄUSE UND HIGHTECH IM ALTEN SPEICHER

KNOOPS PARK /// AUF DEM HOHEN UFER /// 28717 BREMEN /// 04 21 / 63 45 37 ///
WWW.FOERDERVEREIN-KNOOPS-PARK.DE ///

Jahrhundertealte Eichen, Buchen, Eschen, Kastanien und viele weitere Baum- Strauch- und Pflanzenarten. Ein wunderbarer Ausblick auf die sich durch weite Wiesen dahinschlängelnde Lesum und das gegenüberliegende Lesumbrok – und an klaren Tagen kann man bis nach Bremen blicken. Kein Wunder, dass sich hier im 19. Jahrhundert die wohlhabenden Kaufleute aus Bremen zur Sommerfrische eingefunden haben, und noch heute sind die Villen rund um Knoops Park nicht gerade ein Schnäppchen.

SPINNENDE KAUFLEUTE UND EIN VERRÜCKTES DORF

Ein verrücktes Dorf? Und da soll ich hin, werden Sie jetzt vielleicht denken. Aber ja, unbedingt, schließlich war damals alles hier, was Rang und Namen hatte, um den vom Bremer Gartenbauarchitekt und Schöpfer des Bürgerparks Wilhelm Benque entworfenen Park zu bestaunen. Am besten bringen Sie noch etwas Zeit mit, denn es gibt viel zu sehen im Knoops Park. Zudem ist sowohl das Spinnen als auch das Verrücken wörtlich gemeint, und ohne beides gäbe es diesen wunderbaren Landschaftspark gar nicht, denn er verdankt seine Existenz zwei Ereignissen. Zum einen erwarb Baron Ludwig Knoop den Grund und Boden von dem Geld, das er mit seinen Baumwollspinnereien vorwiegend in Russland erwirtschaftete, und zum zweiten mussten für die Errichtung des Parks und des Schlosses Mühlenthal Teile des Bauerndorfes St. Magnus umgesiedelt werden. So kam es, dass 1878 einige der ehemals dort ansässigen Bauernhöfe abgebaut und etwas weiter wieder aufgebaut wurden. Aber nicht nur die Bauern wurden großzügig entschädigt, auch das Dorf erhielt eine Schule und einen kleinen Bahnhof. Nachdem Knoop 1894 nur wenige Monate nach seiner Frau verstorben war, ging bald darauf auch sein Wirtschaftsimperium unter. Das Schloss, das viele Jahre lang leer stand, ist inzwischen abgerissen, aber auf der großen Wiese in der Mitte des Parks kann man die Umrisse noch erahnen. Von den Wirtschaftsgebäuden ist nur das alte Pförtnerhäuschen am östlichen Eingang übrig geblieben.

Tipp: Wenn Sie vom Park aus hinunter zur Lesum gehen, können Sie die LESUM entlang bis nach Vegesack laufen.

KEINE KIRCHE OHNE POP', KEINE KASERNE OHNE WANZE, KEINE FABRIK OHNE KNOOP.

EXTRA FÜR DAS FESTIVAL WIRD AM KNOOPS PARK IM RASCHENKAMPSWEG EIN PARKPLATZ EINGERICHTET /// [redacted]
WWW.KAMMERPHILHARMONIE.COM/SOMMER_IN_LESMONA.HTML ///

Was wäre das Leben ohne die Liebe! Liebe und Leid sind die Themen, die die Menschen am meisten bewegen und oftmals geht beides Hand in Hand. Leider ist das Zusammenleben zwischen Mann und Frau im Alltag nicht immer so romantisch, wie wir es uns erträumen, aber zum Glück gibt es die Musik, die uns auf rosaroten Schwingen dahingleiten lässt, am liebsten durch eine Parklandschaft, Hand in Hand mit dem oder der Liebsten.

DER EWIGE TRAUM VON DER GROSSEN LIEBE

Romeo und Julia sind wohl das berühmteste Liebespaar. Dafür aber ist die Romanze von Marga und Percy eine reale Geschichte. In ihrem Briefroman ›Sommer in Lesmona‹ schreibt die Bremer Kaufmannstochter Marga Berck alias Magdalene Pauli, geborene Melchers, von ihrer Jugendliebe zu ihrem Cousin ›Percy‹, Johannes Gustav Rösing, in der Zeit um 1900. Genauer gesagt sind es die Originalbriefe, in denen sie sich ihrer besten Freundin und Halbcousine Bertha Schellhass anvertraute, um mit ihr das Auf und Ab der ersten romantischen Gefühle zu durchleben. Eine Liaison, die im Sommer an der Lesum vor den Toren Bremens begann, in der Villa Lesmona, dem Landsitz ihres Onkels. Eine Liebe, die so frisch und rein war wie die Landschaft, in der sie erblühte. Eine Liebe, die an den Konventionen der damaligen Zeit scheiterte. Sie wurde zur Legende und zu einem Musikfestival der Bremer Kammerphilharmonie. Drei Tage voller Musik und Romantik im Knoops Park unweit der Villa Lesmona. Um die zehntausend Besucher kommen jährlich im Juli zum Klassik-Open-Air, das jedes Jahr thematisch einem anderen Land zugeordnet ist. Neben den Konzerten und dem Programm für Kinder gibt es am Sonntagvormittag das inzwischen legendäre Picknick. Während auf der Bühne musiziert wird, wird ringsum stilecht gepicknickt. Und wer am Wettbewerb teilnehmen will, der sollte sich bei den Speisen an das Landesthema halten und wenn möglich auch beim Outfit. Und das natürlich bei jedem Wetter, denn wie sagt man so schön bei uns im Norden: Es gibt kein schlechtes Wetter, nur unpassende Kleidung. Aber auch ohne Preis sind diese Tage ein Gewinn.

Tipp

Besorgen Sie sich rechtzeitig die Karten für den ›SOMMER IN LESMONA‹.

PICKNICK IM PARK UND DER TRAUM VON DER WAHREN LIEBE

KURIOS RESTAURANT CATERING /// OBERREIHE 6 /// 28717 BREMEN ///
04 21 / 65 93 58 58 /// WWW.KURIOS-BREMEN.DE ///

Normalerweise haben Restaurants an sechs von sieben Tagen die Woche geöffnet. Bei einem kleinen Restaurant in Lesum ist dies genau umgekehrt. ›Kurios‹, mögen Sie jetzt denken und liegen damit genau richtig, denn so lautet der Name des Restaurants. Wie man auf diesen Namen gekommen sei, frage ich nach. Es sollte eben etwas Außergewöhnliches werden, frech, spritzig, eben nichts, was die Leute anderswo schon zur Genüge serviert bekommen. Aber nicht, dass Sie jetzt denken, die Küche bliebe an den restlichen sechs Tagen kalt. Im Gegenteil, denn neben den speziellen Sonntagsmenüs können Sie hier die ganze Woche über Ausgewähltes für Ihre eigenen Feierlichkeiten bestellen.

NOMEN EST OMEN

Kurios bedeutet laut Duden: ›auf unverständliche, fast spaßig anmutende Weise sonderbar, merkwürdig‹.

Aber die Tatsache, dass man nur sonntags im Restaurant speisen kann, ist schon das einzig wirklich Kuriose hier. Denn was das Restaurant Kurios, das in einer ruhigen Nebenstraße des Ortsteils Lesum liegt, zu bieten hat, ist schlicht und einfach wunderbar. Alles ist ohne ›Convenience-Food‹, wie der Inhaber und Chefkoch Philip König mir berichtet. Dieser kulinarische Fachbegriff bedeutet, dass alles frisch ist, außer den Nudeln wird alles selbst hergestellt. Schon nach dem ersten Bissen habe ich den Begriff in meinen Wortschatz aufgenommen. Es wäre wirklich sonderbar, wenn Sie hier nicht das passende Catering für Ihre Feierlichkeiten finden würden. Belegte Brötchen oder den obligatorischen Rollbraten mit Krautsalat werden Sie hier allerdings vergeblich suchen. Sowohl die Karte für das Catering als auch die für die exklusiven Sonntagsmenüs bieten eine feine und kreative Auswahl, bei der für jeden etwas dabei ist und in die Philip König seine Erfahrungen einfließen lässt, die er in den Küchen Frankreichs, Südafrikas und Australiens gesammelt hat. Wie zum Beispiel beim gegrillten Caipirinha-Lachs mit Limetten, braunem Zucker und Minze auf Sesam-Spitzkohl und französischen Kartoffeln. Hört sich nicht nur lecker an, sondern auch teuer, doch in diesem Punkt kann ich Ihnen gleich noch eine erfreuliche Mitteilung machen: Die Küche zählt zwar zur gehobenen Gastronomie, die Preise aber hat man auf einem kleineren Treppchen stehen lassen.

> **Tipp**
> FINGERFOOD, Häppchen oder ganze Menüs. Hier finden Sie bestimmt das Richtige für Ihre Feierlichkeiten.

EIN WAHRHAFT KÖNIGLICHER GENUSS!

HANSEAT

STADT BREMEN

DAS BREMER BLOCKLAND /// NATURSCHUTZGEBIET ///
ÖSTLICH DER A 27 ZWISCHEN BREMEN UND RITTERHUDE ///

Dass Bremen nicht weit vom Meer entfernt ist, bekommt man hin und wieder zu spüren, wenn der Wind kräftig aus Norden bläst und eine Brise Meeresluft mit sich bringt. Aber in einigen Regionen Bremens merkt man auch auf andere Weise, dass Bremen dicht am Wasser gebaut ist. Das Blockland ist aus einem Moorgebiet entstanden und noch heute muss es laufend entwässert werden, damit Kühe, Pferde, Schafe und Menschen keine nassen Füße bekommen.

BREMENS GRÜNER STADTTEIL IM MOOR

Blockland klingt nun nicht gerade idyllisch, aber der Name trügt. Er kommt daher, dass durch die Entwässerungsgräben, welche die Wiesen durchziehen, eine blockartige Struktur entstanden ist. Ab dem 12. Jahrhundert wurde die Region von holländischen Bauern kolonisiert, die sich in dieser Ebene, die zum Teil noch nicht einmal einen Meter über Null liegt, sicherlich heimisch gefühlt haben. Aber erst seit 1864 ist durch die Entwässerungsanstalt sichergestellt, dass das Land im Sommer nicht mehr überschwemmt wird. Im Winter ist dies teilweise sogar gewollt, und die Bremer warten in der frostigen Zeit schon mit Vorfreude auf die Nachricht, dass die überschwemmten Wiesen für die Schlittschuhläufer freigegeben sind. Teile der alten Entwässerungsanlage können übrigens noch besichtigt werden, dort wo Hamme und Wümme sich zur Lesum vereinen.

Tipp: Wo **WÜMME UND HAMME** sich zur Lesum vereinen, können Sie die schönsten Sonnenuntergänge von Bremen bewundern.

Am schönsten lässt sich das weitläufige Gebiet, das – man glaubt es kaum – ein Stadtteil von Bremen ist, per Rad oder zu Fuß erkunden. Das Blockland steht unter Naturschutz, sodass hier weder Wohnhäuser gebaut noch Industrie angesiedelt werden dürfen. Am besten radeln Sie am Deich entlang, ausgehend vom Parkplatz an der Ritterhuder Heerstraße, direkt bei der Wümmebrücke. Auf dieser Tour haben Sie einen herrlichen Blick über das schilfbestandene Wümmeufer und über die Weite der Wiesen. Im beschaulichen Dörfchen Wasserhorst lohnt sich ein Blick auf die Kirche und so manches wunderbar restaurierte alte Haus, ebenso wie eine Einkehr ins Café Wasserhorst. Frisch gestärkt geht es dann weiter zum alten Pumpwerk.

VON DEN HOLLÄNDERN TROCKENGELEGT

WATERFRONT /// AG-WESER-STRASSE 3 /// 28237 BREMEN ///
WWW.WATERFRONT-BREMEN.DE ///

Eine Basis für die Entdeckung futuristischer Welten sollte es sein, Bremens Space Park. Doch irgendwie war das wohl nicht nur den Bremern zu spacig. So wurde der Vergnügungspark nach gerade einmal sieben Monaten wieder geschlossen. Das einzige, was blieb, war das großzügig angelegte Kino, das Cinespace, und die riesige Shoppingmall, in der sich nie ein Laden befunden hatte, eine wunderbare Filmkulisse für den Bremen-Tatort ›Requiem‹ mit der Bremer Kommissarin Inga Lürsen. Was für ein passender Titel, nicht nur für den Krimi.

BREMENS GRIFF NACH DEN STERNEN

»Papa, wo is denn die Rakete?« – »Wech.« – »Wieso?« – »Na, weil das jetzt die Waterfront ist und nicht mehr der Space Park.« – »Wiesoo?« – »Na, weil sich das nicht rentiert hat mit der Raumfahrt. Das hat keine Zukunft.« – »Wiesooo?«

So ungefähr mag so mancher Wortwechsel zwischen Vater und Sohn geklungen haben, als der ehemalige Vergnügungspark nach einigen Jahren Leerstand als Einkaufszentrum wiedereröffnet wurde. Dabei hatten sich die Investoren alles so schön vorgestellt. Schließlich hat die Raumfahrt in Bremen Tradition, nicht nur weil so mancher Senator den Hanseaten die Sterne vom Himmel versprochen hat. Ein Urban-Entertainment-Center sollte es werden und Millionen an gegenwärtigen und zukünftigen Vergnügungssüchtigen nach Bremen locken. Der erste überdachte Freizeitpark Deutschlands wurde im Februar 2004 eröffnet und im September desselben Jahres wieder geschlossen. Danach ging man in sich, um sich dann doch seiner ursprünglichen Qualitäten zu erinnern, dem Wasser. Knapp vier Jahre nach der Weltraumpleite eröffnete die Waterfront – ein Einkaufszentrum, das drei Lieblingsbeschäftigungen der Bremer aufnimmt: an der Weser sitzen, shoppen und essen. Zumindest ist jetzt hier jede Menge los. Wer es lieber idyllisch und einsam mag, der sollte die kleine Weserinsel besuchen, die hinter dem Center liegt und ehedem für den Schiffsbau aufgeschüttet wurde. Das Shipyard Island ist knapp 500 Meter lang, 20 Meter breit und mit mächtigen Pappeln bepflanzt. Inzwischen gibt es auch einige Bänke, von denen aus Sie gemütlich den Schiffsverkehr auf der Weser bewundern können, oder einfach die Sonne genießen.

Tipp

Über eine 70 Meter lange Brücke kommen Sie auf die kleine **WESERINSEL,** von der aus Sie einen wunderbaren Blick bis in die Überseestadt haben.

VOM WELTRAUM ZURÜCK AN DIE WESER

HAFENMUSEUM SPEICHER XI /// AM SPEICHER XI 1 /// 28217 BREMEN ///
04 21 / 3 03 82 79 /// WWW.HAFENMUSEUM-SPEICHERELF.DE ///

›In Walle wohn se alle‹, heißt es in Bremen, und wessen Familie dort seit mindestens einer Generation lebt, dessen Geschichte ist eng mit der des Überseehafens und der Jutespinnerei verbunden. Es gab bis Mitte der 1960er wohl kaum eine Familie hier, die nicht ihren Lebensunterhalt in einer der beiden Stätten verdiente. Es war die gute alte Zeit, und noch heute sitzen im Hafencasino die ehemaligen Hafenarbeiter zusammen, um Seemannsgarn zu spinnen. Obwohl das Freihafengebiet für Kinder natürlich verboten war, war es einer der beliebtesten und aufregendsten Spielplätze überhaupt, und wenn man Glück hatte, konnte man auch noch den einen oder anderen Schatz ergattern.

ONGL, HASTE MA NE ABELSINE?

Die 120 Jahre Bremer Hafengeschichte können Sie im Hafenmuseum im Speicher XI erleben und unbedingt sollten Sie eine Runde durch den Waller Wied drehen. Die kleinen Reihenhäuschen mit den Höfen zur Innenseite, die Anfang des 20. Jahrhunderts zwischen Bogen- und Heimatstraße für die Hafenarbeiter gebaut wurden, sind typisch für das Viertel. In den kleinen Schuppen in den Hinterhöfen waren die Waschküchen untergebracht und auch schon mal ein paar Hühner oder Kaninchen. Die Gänge dazwischen dienten als Spielplatz, aber das war natürlich nur etwas für die Kleinen, die Großen zog es in den Hafen. Durch das Drehtor in der Heimatstraße konnte man unbemerkt hineingelangen, dann geduckt am Zoll vorbei und schnell hinein in die Schuppen. Überall roch es nach Kaffee, Apfelsinen und Abenteuer. Hier träumten nicht nur Kinder von der weiten Welt, doch nur für einige wenige wurde der Traum wahr. Die Daheimgebliebenen mussten sich mit den Seemannsgeschichten begnügen und damit, ein wenig von der weiten Welt nach Hause zu schmuggeln. Kaffeebohnen in der Fahrradstange unter dem Sattel, Apfelsinen unterm Pullover oder Bananen in der Unterhose. Nur erwischen lassen durfte man sich nicht, denn die Schuppen standen im Freihafengebiet und mit dem Zoll war nicht zu spaßen. Heute ist dies alles Geschichte, aber die Geschichte lebt weiter in unzähligen Anekdoten, die sie alle im Hafenmuseum erfahren können, oder bei einem kühlen Blonden im Hafencasino um die Ecke.

Tipp

Im selben Gebäude wie das **HAFENMUSEUM** finden Sie auch ein gutes Lokal und im BLG-Forum gegenüber finden lohnenswerte Veranstaltungen statt.

BAUMWOLLSPINNEREI UND SEEMANNSGARN

INFOCENTER ÜBERSEESTADT /// AM SPEICHER XI, ABTEILUNG 3
(EINGANG RESTAURANT PORT) /// 28217 BREMEN /// 04 21 / 96 00 10 ///
WWW.UEBERSEESTADT-BREMEN.DE ///

Mit dem Auto bis ins Wohnzimmer fahren und das, obwohl man im zweiten Stock wohnt, mit Blick über die Weser? Zukunftsvisionen? Nein, das ist alles heute schon möglich und zwar im modernsten Wohngebiet Bremens, in der Überseestadt. Hier ist alles neu, groß, teuer, aber auch einige der alten Schuppen rechts und links der Weser sind erhalten geblieben und wurden umgebaut. Ein Großteil der Bebauungsfläche gehörte zum ehemaligen Überseehafen, dessen Hafenbecken für die neue Nutzung zugeschüttet wurde.

EIN HAFEN WIRD ZUR STADT

Der Schiffsverkehr änderte sich seit Einführung der Container immens. Immer größere Schiffe verlangten immer tiefere Hafenbecken, die Liegezeiten sind teuer, da zählt jede Stunde. Immer weniger Schiffe kamen bis nach Bremen. Der Hafen in Bremerhaven wurde ausgebaut, der Überseehafen in Bremen verödete nach und nach. Arbeitsplätze gingen verloren, teure Flächen im Innenstadtbereich lagen brach. Etwas musste geschehen und so wurde aus einer Notlage ein gigantisches Zukunftsprojekt mit Signalwirkung. Weithin sichtbar ist der Weser Tower. Das höchste Gebäude Bremens am Kopf der Überseestadt wurde von dem Architekten Helmut Jahn entworfen, der auch das Sony Center in Berlin erbaute.

> **Tipp**
>
> Wandern Sie die **WESERPROMENADE** entlang und lassen sich von der weitläufigen und futuristisch anmutenden Architektur beeindrucken.

Ursprünglich war nur eine gewerbliche Nutzung des Areals geplant, allen voran der Fruchthof. Das Hafenbecken wurde dichtgeschüttet, alte Schuppen, die früher der Lagerung von Stückgut wie Baumwolle, Kaffeesäcken, Obstkisten und vielem mehr dienten, wurden abgerissen. Doch mit den Protesten aus der Bevölkerung und dem Beispiel der Hamburger Speicherstadt vor Augen änderte man nun doch die anfänglichen Pläne. So findet sich hier nun ein buntes Mischgebiet aus Gewerbe, Flaniermeilen und Wohnungen. Und das Konzept der Verbindung von Arbeits- und Lebensräumen scheint aufzugehen. Zudem wird das kulturelle Angebot laufend erweitert. Viele Restaurants haben sich hier angesiedelt, ebenso Kulturwerkstätten, Theater und Ausstellungen. Wer hier eine Wohnung ergattern will, muss schnell sein, trotz der stolzen Preise.

DIE STADT DER ZUKUNFT

EL MUNDO IN DER ÜBERSEESTADT /// IM SCHUPPEN 1 ///
KONSUL-SMIDT-STRASSE 10A /// 28217 BREMEN /// 04 21 / 38 40 10 ///
WWW.ELMUNDO-BREMEN.DE ///

Was für kulinarische Vorlieben Sie auch immer haben: Im El Mundo werden Sie fündig, das wage ich zu versprechen. Nur eines sollten Sie auf alle Fälle mitbringen: Hunger. Denn die Portionen sind nichts für Modelmägen. Allerdings können Sie die Reste auch mitnehmen und sie sich am nächsten Tag noch einmal schmecken lassen, und zwar völlig ungeniert, denn daran stört sich hier niemand, im Gegenteil.

DIE WELT IST NOCH ZU KLEIN

Es gibt sicherlich viele gute Restaurants, aber ich persönlich kenne nur wenige, die über so viele Jahre hinweg gleichbleibend gut geblieben sind, und das, obwohl sie sich laufend vergrößert haben. Hohe Qualität und niedrige Preise bei frischen Zutaten und einer großen Auswahl, das hat sich Reza Najmehchi auf die Fahnen geschrieben, als er sein Lokal 1991 eröffnete. Seitdem war das El Mundo eine Institution im Stadtteil Walle. Wer hier essen wollte, musste rechtzeitig kommen oder Zeit und Geduld mitbringen. Um zukünftig mehr Gäste bewirten zu können, ist das El Mundo im Sommer 2011 in den Schuppen 1 in den neuen Trendstadtteil Überseestadt gezogen. Auf 2.500 Quadratmetern und unter neun Meter hohen Decken kann man nun großzügig speisen mit direktem Blick auf die Weser. Im Sommer von der 350 Quadratmeter großen Terrasse aus. Trotz der Größe des Lokals ist es gemütlich und man kann sich in angemessener Lautstärke unterhalten. Beim Durchblättern der zehn Seiten starken Speisekarte läuft einem das Wasser im Munde zusammen und das ansprechende Arrangement der Speisen lässt den kulinarischen Genuss schon erahnen.

> **Tipp**
> Kommen Sie rechtzeitig oder **RESERVIEREN SIE EINEN TISCH,** es lohnt sich!

Eigentlich müssen Sie zum Nachtisch unbedingt die Dessertkomposition ›El Mundo‹ oder das hausgemachte Eis probieren. Aber ich fürchte, dass es den meisten von Ihnen so gehen wird wie mir: Nach den reichlichen Portionen schafft man gerade noch einen Kaffee. Aber Sie können sich ja bei einem kleinen Spaziergang über die Weserpromenade wieder Hunger holen. Oder Sie kommen einfach mal wieder, zu Kaffee und Kuchen, zum Abendessen oder eben, um einfach eine Portion Eis zu genießen.

KULINARISCHES AUS ALLER WELT

ÜBERSEE-MUSEUM BREMEN /// BAHNHOFSPLATZ 13 /// 28195 BREMEN ///
04 21 / 16 03 81 01 /// WWW.UEBERSEE-MUSEUM.DE ///

Was ist der beste Platz, um eine Weltreise zu starten? Richtig, der Hauptbahnhof in Bremen. Aber Sie müssen nicht hineingehen, sondern Sie verlassen ihn – bei dieser Gelegenheit sollten Sie es nicht versäumen, einen Blick auf das Hafenmosaik in der großen Halle zu werfen, das Sie auf das einstimmt, was Sie nur etwa dreihundert Meter rechts vom Bahnhof erwartet: das Übersee-Museum.

PALMEN AUF TAHITI, COCA COLA NACH HAWAII

Genießen Sie für einen Augenblick die Hektik des Verkehrsknotenpunktes, bevor Sie in die Ruhe des 1896 gegründeten Museums eintauchen und in exotische Welten. Bremen hat seit jeher eine besondere Beziehung nach Übersee. Kaffee, dessen Duft durch die Stadt weht, Tabak- und Baumwollhandel und nicht zuletzt der Überseehafen prägten die Geschichte der Hansestadt, wenn auch der Überseehafen seit ein paar Jahren selbst Geschichte ist.

> **Tipp**
> Besuchen Sie auch das **SCHAUMAGAZIN ÜBERMAXX.** Dort erhalten Sie Zugang zu lang verborgenen Schätzen. Alltägliches wie Kurioses von A – Z ist hier in drei Etagen zu sehen.

In der Ausstellung lernt man nicht nur vieles über die Weltgegenden, mit denen Bremen Handel treibt, sondern auch über Bremen selbst. Die Bremer sind nun einmal stolz auf ihre weltoffene Handelsstadt, und das zu Recht. Das Übersee-Museum ist übrigens gegenwärtig das einzige Museum Europas, das drei wissenschaftliche Fachbereiche vereint: die Völker-, Handels- und Naturkunde.

Durch Ozeanien geht es nach Asien, Südamerika und Afrika. Fremde Welten, fremde Kulturen mit wertvollen Handelsgütern, die vor hundert Jahren exotisch anmuteten und heute für uns selbstverständlich sind. Wer macht sich schon noch Gedanken darüber, wo der Rohstoff für die Jeans herkommt, die er trägt. Darüber, wie viele Länder ein Bekleidungsstück durchlaufen hat, bevor es bei uns im heimischen Schrank hängt. Und was bedeuten diese Handelsketten für uns, für die Länder, aus denen die Rohstoffe kommen, in denen sie verarbeitet werden und in denen sie konsumiert werden? Längst ist die Welt zum viel zitierten Dorf geworden, aber wissen wir wirklich, was darin vor sich geht? ›Erleben, was die Welt bewegt‹ ist der neueste Bereich der Ausstellung, die uns nahebringen will, was uns alle angeht, egal, auf welchem Fleckchen dieses Planeten wir leben.

BREMEN UND DER REST DER WELT UNTER EINEM DACH

BREMER WALLANLAGEN /// AM WALL /// 28195 BREMEN ///
WWW.BREMEN.DE/BREMER-WALLANLAGEN-339858 ///

»Stell dich bitte mal da hoch.« Der junge Mann hilft seiner Begleiterin auf das knorrige Überbleibsel eines Baums. »Ich fotografier dich vor den herrlichen Blumenrabatten.« »Lieber vor der Windmühle«, murrt sie. »Machen wir nachher«, verspricht er. Die junge Dame scheint's zufrieden. Sie stellt sich in Positur und lächelt in die Kamera. Als die beiden endlich weitergehen, komme ich zum Zuge und mache mein Foto.

FLANIEREN WIE VOR 200 JAHREN

Während der Besiedlung im 8. Jahrhundert als Schutzwall angelegt, in den nachfolgenden Jahrhunderten als Stadtmauer ausgebaut und mit einem vorgelagerten Graben verstärkt, dienen die Wallanlagen heute den Bremern und ihren Gästen als grüne Lunge. Unweit des Altstadtkerns gelegen und dennoch abgeschottet vom Großstadtlärm, bieten sie Natur und Gartenkunst, Ruhe und Beschaulichkeit.

Tipp

Am Ende der **SÖGESTRASSE** erwarten linkerhand die Wallanlagen den Besucher mit schattigem Grün, lauschigen Wasserläufen und naturbelassenen Parkwegen.

Bereits im 18. Jahrhundert verlor die Schutzanlage ihre militärische Bedeutung – die Zeiten der Belagerungen und Plünderungen gehörten der Vergangenheit an. Nach und nach verbreiteten sich Windmühlen auf den Anhöhen vor der Stadt. 1802 beschloss die Bürgerschaft, das Gelände als Park zu nutzen. Die Brustwehren wurden abgebaut, Bäume gepflanzt, Pfade zu den Wasserstellen geführt und die Wälle zu einem englischen Landschaftsgarten umgestaltet. Bei der Rekonstruktion zum 200-jährigen Jubiläum achtete die Stadt darauf, den ursprünglichen Charakter des Parks zu erhalten. Statt Asphalt oder Pflasterung brachte man wassergebundene Wegedecken auf und die abwechslungsreiche Bepflanzung beiderseits der Pfade sorgt für die Natürlichkeit vergangener Jahrhunderte. Nach einem Rundgang taucht dann irgendwann die einzig verbliebene Windmühle auf; mit dem schillernden Blumenmeer davor. Unweigerlich zückt so mancher Besucher seine Kamera und schießt Erinnerungsbilder.

GESCHAFFT VOM REISESTRESS ODER SHOPPINGMÜDE FINDET MAN HIER NEUE KRAFT.

Mein Pärchen von vorhin hat wohl seine Fotosession beendet – Hand in Hand ziehen sie hinüber zur Windmühle – das Café im Inneren bietet so manche Köstlichkeit.

STADTBIBLIOTHEK BREMEN, KRIMIBIBLIOTHEK /// AM WALL 201 ///
28195 BREMEN /// 04 21 / 3 61 44 65 /// WWW.STADTBIBLIOTHEK-BREMEN.DE ///

Welcher Krimifreund kennt sie nicht, die literarische Asservatenkammer – genannt Krimibibliothek. Neugierige, Leser, Studenten, Fachleute und Autoren gehen hier ein und aus und nutzen den reichhaltigen Fundus an deutschsprachiger Kriminalliteratur. Um das Wann, Wie und Warum des Heiligtums zu erkunden, habe ich mir Jürgen Alberts eingeladen; der Nestor des bremischen Krimis kam gern.

DIE HEIMSTATT DES KRIMINELLEN

Jürgen erklärt mir bereitwillig die Entwicklung der Spezialabteilung, die das Kaminzimmer der Stadtbibliothek beherbergt.

1989 eröffnete die schwedische Stadt Eskilstuna eine Krimibücherei. Der Pressereferent der Stadtbibliothek las einen Bericht darüber und rief Jürgen Alberts an, ob das nicht auch etwas für Bremen sei? Na klar, so die Antwort. Aber woher die Bücher nehmen? Der Zufall half: In Berlin löste ein Steuerberater seine 22.000 Bände umfassende Privatsammlung auf – darunter unzählige Krimis. Die beiden Initiatoren fuhren hin, kauften 1.500 Bücher zum Stückpreis von 1 DM und legten auf diese Weise den Grundstock.

Tipp: Deutschsprachige Krimis, die nach 1965 erschienen sind, und Sekundärliteratur hält die **KRIMIBIBLIOTHEK** bereit – Öffnungszeiten verrät das Internet.

Mag es mittlerweile so manche Krimibibliothek im Lande geben, eins unterscheidet alle von der in Bremen: Ihre Regale beherbergen eine komplette Sammlung aller jemals veröffentlichten DDR-Kriminalromane. Auch für diese wertvolle Ergänzung sorgte Jürgen Alberts. Er lernte nach der Wende Wolfgang Mittmann kennen. Als pensionierter Kommissar der Volkspolizei und Kriminalschriftsteller besaß er von jedem DDR-Krimi mindestens ein Exemplar. 2006 verstarb er unerwartet. Seine Witwe Waltraut bot dem Freund ihres Mannes die Sammlung an. Jürgen vermittelte den Kontakt zur Krimibibliothek und versprach, dort werde man Wolfgangs Vermächtnis in Ehren halten. Waltraut Mittmann kam nach Bremen und überreichte im Rahmen einer kleinen Feierstunde die Sammlung ihres Mannes.

DAS HEILIGTUM FÜR KRIMILESER UND -AUTOREN MIT BEINAHE 5.000 BÄNDEN.

Heute zählt der Präsenzbestand gut 4.500 Bände, der pro Jahr um 200 bis 300 Bücher aus Spenden anwächst.

BREMER ROLAND /// AM MARKT /// 28195 BREMEN ///
TOURISMUSZENTRALE: 04 21 / 3 08 00 10 /// WWW.BREMEN-TOURISMUS.DE ///

Die Statue gilt mit 10,21 Metern Höhe als größte erhaltene freistehende Plastik des deutschen Mittelalters. Das Abbild des Kriegers in Rüstung und Mantel mit erhobenem Schwert entstand im Jahre 1404. Am Marktplatz errichtet, garantiert der Roland als Repräsentant des Kaisers die Marktrechte und Freiheiten. In Bremen geht die Legende um, dass die Stadt so lange unabhängig bleibe, wie der Roland über sie wache.

IN STEIN GEHAUEN – UND PROMINENT

Das Reichswappen auf dem Schild und die Inschrift drum herum verweisen auf den Status Bremens als freie Reichsstadt. Der Titel der Reichsunmittelbarkeit konnte einer Stadt zu- und auch wieder aberkannt werden. Im 16. Jahrhundert erreichte ihre Zahl mit 83 das Maximum. Nach 1815 gab es im Deutschen Bund nur noch vier freie Städte: Frankfurt am Main, Lübeck, Hamburg und Bremen. Frankfurt fiel 1866 an Preußen. Das gleiche Schicksal ereilte Lübeck 1937. Und so konnten sich nur Hamburg und Bremen den Status der Unabhängigkeit bis heute erhalten.

Tipp

Das Wahrzeichen von Bremen – die überlebensgroße steinerne **FIGUR DES ROLANDS** auf dem Markt, die seit mehr als 600 Jahren die Freiheit der Stadt schützt.

Nachdem Sie die Rolandstatue bewundert haben, gehen Sie ein wenig zurück und beobachten die Leute, wie sie dem Wahrzeichen begegnen. Hoch erhobenen Hauptes kommen die Besucher näher – wollen dem Riesen von Angesicht zu Angesicht gegenübertreten. Einige Meter entfernt bleiben die meisten stehen, fotografieren, filmen oder genießen einfach den Anblick. Erst danach treten sie an den Zaun heran und betrachten die Details, von oben nach unten. Schließlich geht die Hand zögernd vor und berührt die stählernen Kniekappen. »Oh, sind die spitz.«

KEIN BESUCHER DER STADT KOMMT AN DIESER IMPOSANTEN GESTALT VORBEI.

Von Spitze zu Spitze lässt sich der Abstand der beiden Kegel sehr genau bestimmen – 54,7 Zentimeter. Das Maß kommt der Bremer Elle sehr nahe; 1818 auf genau 57,87 Zentimeter festgesetzt. Und so wird vermutet, dass mit den Kniespitzen bewusst ein Normmaß vorgegeben worden war. Doch soweit heute bekannt ist, fehlen weitere Beispiele aus jener Zeit, bei denen ein Normmaß als Bestandteil eines Kunstwerkes auftritt.

BREMER RATHAUS /// AM MARKT 21 /// 28195 BREMEN /// 04 21 / 3 61 61 32 /// WWW.RATHAUS.BREMEN.DE ///

Man ist schließlich wer, dachten sich die Bremer Ratsherren, und wer was ist, als Stadt, der braucht auch ein präsentables Regierungsgebäude. Da es sich gerade so gut anbot, sollte das Rathaus direkt neben dem Sitz des Erzbischofs stehen. So wurde 1405 nicht nur der Grundstein für ein herrschaftliches Gebäude gelegt, sondern auch ein klares politisches Zeichen gesetzt. Denn schon immer legten die Bremer besonderen Wert auf Eigenständigkeit und Freiheit.

DIE BREMER GLUCKHENNE

›Der Himmel war trübe und bewölkt und schaute drohend herunter auf ein Häuflein armer heimathloser Menschen […]. Sie hatten sich den Ueberfällen ihrer mächtigen Nachbarn entzogen; […] Aber sie hatten noch ein anderes Gut, das der Feind anzutasten drohte, das war die Freiheit. Die hielten sie höher als Gold und wollten sie sich bewahren, um jeden Preis, […].‹ [3]

Tipp: Besichtigen Sie auch die obere Halle mit den vier prächtigen und funktionstüchtigen Modellkriegsschiffen von 1545 und die weltberühmte **GÜLDENKAMMER**.

So beginnt die Sage um die Bremer Gluckhenne, nach der Bremen seine Gründung dem Freiheitsdrang dieser tapferen Menschen zu verdanken hat. Dass sie ausgerechnet an jenem Ort anlandeten, an dem die prächtige Hansestadt erblühen sollte, war demnach ein Wink Gottes. Denn dieser sandte einen Lichtstrahl, welcher die Flüchtigen auf eine Henne aufmerksam machte, die ihre Küken auf einen kleinen Hügel führte, um diese wohlbehütet durch die Nacht zu bringen. Dort, so beschlossen die Heimatlosen, soll zukünftig ein Hort für die Freiheit sein. Ob die Sage nun einen wahren Kern hat, oder sie reinweg erfunden wurde, sei dahingestellt. Bewahrheitet hat sie sich allemal. Und so verwundert es nicht, dass die Bremer Gluckhenne auch auf der Fassade des Rathauses ihren Platz gefunden hat. Seit 1620 befindet sich rechts über dem zweiten Arkadenbogen von links die Henne mit ihrem Gelege.

BREMEN, EIN HORT FÜR DIE FREIHEIT DANK EINER HENNE

Das Bremer Rathaus ist das einzige europäische Rathaus des Spätmittelalters, das vom ersten gotischen Bau an nie zerstört wurde. Ein guter Grund für die UNESCO, es 2004 in die Welterbeliste aufzunehmen. Ganz der Tradition entsprechend, ist die untere Rathaushalle auch heute noch für das Marktvolk da und beherbergt wechselnde Ausstellungen.

BREMER RATSKELLER /// AM MARKT /// 28195 BREMEN /// 04 21 / 32 16 76 ///
WWW.RATSKELLER-BREMEN.DE ///

›Dort schlummert sie im Rosenbett,
und ich muss draußen stehen;
Drum poch ich an die Kammerthür:
Steh auf, mein Schatz, und komm herfür,
Damit ich mit dir kose.
Mach auf, herzliebe Rose.‹ [4]

VON GEISTERN, DICHTERN UND EINER ROSE

Will man die Rose, den wohl ältesten Wein in Deutschland, besuchen, kommt man an den zwölf Aposteln vorbei, die mit je einer Kerze bestückt dem Besucher den Weg weisen. Schon vor ihrer Kammer können Sie ihren lieblicher Duft vernehmen, der aus dem alten Holzfass strömt. Doch dabei wird es leider bleiben, denn probieren dürfen nur handverlesene Gäste und dann allenfalls ein paar Tropfen. Aber auch für das ›normale‹ Volk gibt es hier so manches edle Tröpfchen zu kosten. In den Gewölben des Ratskellers lagern Schätze, die Weinkennern schon vor dem Genuss das Blut zu Kopfe steigen lassen. Kein Wunder also, dass prominente Dichter hier nicht nur gerne eingekehrt sind, sondern auch über diesen weinseligen Ort zu fabulieren wussten. Die wohl tragischste Geschichte hierzu ist die von Wilhelm Hauff, der sich 1826 bei einem Besuch in Bremen unsterblich in die junge Josephe Stolberg verliebte, obwohl er zu diesem Zeitpunkt mit seiner Cousine verlobt war. Bereits nach vier Tagen machte der damals schon recht bekannte Dichter Josephe einen Heiratsantrag, doch sie lehnte ab. Um ihn über seinen Kummer hinwegzutrösten, lud Bürgermeister Smidt Hauff in den Ratskeller ein. Aus diesem Abend heraus entstanden die ›Phantasien im Bremer Ratskeller‹. Schon ein Jahr später starb Wilhelm Hauff im Alter von fünfundzwanzig Jahren. Wer weiß, vielleicht wäre alles anders gekommen, hätte sie ihn erhört und sie hätten zu zweit die wunderbaren Räumlichkeiten, die ausschließlich deutschen Weine und die abwechslungsreiche Speisekarte genießen können. Sie jedenfalls sollten sich diese Gelegenheit nicht entgehen lassen. Und wenn Sie etwas typisch Hanseatisches essen wollen, dann rate ich Ihnen zu Knipp oder Labskaus.

Tipp

Besuchen Sie eine der vielfältigen Veranstaltungen des **RATSKELLERS,** von ›Crime, Wine and Dine‹-Lesungen bis hin zum Draculadinner. Oder machen Sie eine der Führungen mit.

JUNGFER ROSE BEWACHT VON DEN ZWÖLF APOSTELN

ST. PETRI DOM /// SANDSTRASSE 10 /// 28195 BREMEN /// 04 21 / 36 50 40 ///
WWW.STPETRIDOM.DE ///

Esel, Hund, Katze und Hahn sind die bekanntesten Bremer Tiere. Sind sie das wirklich? Immerhin haben die vier Bremen nie erreicht. Anders eine kleine, unscheinbare Maus. Die wie all ihre Artgenossen sich darauf spezialisiert hat, möglichst unauffällig zu sein, sich aber stets in unserer Nähe aufhält, auch an Orten, an denen man nicht mit ihr rechnet. Die Rede ist von der Bremer Dom-Maus.

ARM WIE EINE KIRCHENMAUS?

Heutzutage ist die Maus wohl eines der am meisten verkannten Tiere. Dabei war sie im Mittelalter ein Symbol für das Böse – damals in Form von Hexen und dem Teufel, deren Verbannung aus der Kirche demonstriert werden sollte. Damit steht die Bremer Dom-Maus nicht allein, Verwandte von ihr finden sich zum Beispiel in Moissac (Südfrankreich), Girona (Nordspanien), Salerno (Italien) und Vézelay (Burgund/Frankreich). Wie bereits erwähnt, ist sie nicht leicht zu finden, deshalb hier ein Tipp: Suchen Sie im Ostchor am Fuß des Portals der rechten Seitenwand. Die beiden Rundbogenportale stammen aus der zweiten Hälfte des 11. Jahrhunderts und waren damals Eingangsportale des Doms zum Markplatz hin. Erst als um 1220 die heutige Westfront mit zwei Türmen errichtet wurde, versetzte man die ursprünglichen Portale in den Ostchor. Zudem stand der Bremer Dom unter keinem guten Stern, ehe die Dommaus dort Einzug hielt. So verstarb der Erbauer Willehad eine Woche nach der Fertigstellung; auch der Kirche war nur eine ›Lebenszeit‹ von 16 Jahren vergönnt, ehe sie im letzten Sachsenaufstand 792–799 restlos zerstört wurde. Immerhin hatte man aus der leichten Zerstörbarkeit gelernt, der Neubau bestand komplett aus Sandstein. Zum Dom gehört auch ein Museum, der Bibelgarten und der Bleikeller, die Sie unbedingt besuchen sollten, und der Aufstieg auf den Turm belohnt Sie mit einem atemberaubenden Blick über die Stadt. Beachten Sie allerdings die nicht durchgehenden Öffnungszeiten. Im Bleikeller sind die Mumien von sechs Menschen zu sehen, die sich in einem erstaunlich guten Zustand befinden. Im Jahre 1985 wurde bei einer der Mumien eine Kugel im Rückgrat entdeckt. Ein Mord, der bis heute ungeklärt ist?

Tipp

Im St. Petri Dom liegt auch das Grabmal des berühmten **FREIHERRN VON KNIGGE,** der von 1790 bis zu seinem Tod 1796 in Bremen lebte.

HEIDNISCHE SYMBOLE UND EIN UNGEKLÄRTER MORDFALL IM HAUS GOTTES

BÖTTCHERSTRASSEN GMBH /// BÖTTCHERSTRASSE /// 28195 BREMEN ///
04 21 / 33 88 20 /// WWW.BOETTCHERSTRASSE.DE ///

Vom Markt her schlendert eine Reisegruppe in die Böttcherstraße. Nach wenigen Metern stockt der Strom; Gespräche und Gemurmel verstummen. Beinahe jeder zückt einen Fotoapparat und dann tobt ein wahres Blitzlichtgewitter zwischen den Mauern – das Goldrelief ›Der Lichtbringer‹ am Eingang der Böttcherstraße findet stets gebührende Aufmerksamkeit. Aber kaum jemand kennt die Geschichte hinter dem Kunstwerk.

ARCHITEKTUR DER ›ENTARTETEN KUNST‹?

Das Bildnis zeigt den heiligen Michael als Drachentöter. Auftraggeber Roselius und Künstler Hoetger wollten es allerdings als Verherrlichung des ›Sieges unseres Führers über die Mächte der Finsternis‹ verstanden wissen.

Warum? Ein Blick in die Geschichte gibt die Antwort: Noch im 19. Jahrhundert galt die Böttcherstraße als Hauptverbindung von der Börse zu den Umschlagplätzen an der Weser. Mit dem Rückgang des Hafenbetriebs im Innenstadtbezirk verfiel der Weg zu einer verwahrlosten Gasse. Der Kaffeehändler Ludwig Roselius kaufte die Grundstücke sukzessive auf und ließ sie umbauen. Zwischen 1902 und 1931 entstand das geschlossene Ensemble, das sich noch heute den Besuchern erschließt.

Tipp

Noch beeindruckt von Rathaus, Roland und Schütting, erwartet die Bremenbesucher in einer **KLEINEN GASSE ZUR WESER HIN** das nächste Highlight.

Roselius verfolgte das Ziel, die Böttcherstraße als emotional wirksame Firmenpräsenz auszubauen (er erfand und vermarktete ›Kaffee HAG‹) und gleichzeitig seiner Auffassung von Heimatstil und Denkmalpflege Ausdruck zu verleihen.

Nach Hitlers Machtergreifung glaubte er, ein nationalsozialistisches Kunstwerk geschaffen zu haben. Aber Hitler geißelte die Architektur auf dem Parteitag von 1936: »Der Nationalsozialismus lehnt diese Art von Boettcher-Straßen-Kultur schärfstens ab.« [5] Roselius versuchte, das positive Image seiner Straße zu retten und ließ deren Eingang mit dem ›Lichtbringer‹ verzieren. Ungeachtet dessen wuchsen die NS-Angriffe. Erst durch Vermittlung von Bremens Vertreter bei der Reichsregierung wurde die Böttcherstraße unter Denkmalschutz gestellt – als Lehrbeispiel ›Entarteter Kunst‹.

GESCHLOSSENES BAU-ENSEMBLE EINER NORDISCHEN KUNSTAUFFASSUNG NACH ROSELIUS

SCHNOOR IN BREMEN /// HINTER DER HOLZPFORTE /// 28219 BREMEN ///
WWW.SCHNOOR-IN-BREMEN.DE ///

Der Schnoor – ›wie auf eine Schnur gespannt‹ könnte man den Namen ableiten, doch das mittelalterliche Gängeviertel ist verwinkelt, verzweigt wie ein Spinnennetz. Da steht schon eher zu vermuten, dass der Name vom ehemals dort ansässigen Schiffshandwerk herrührt, besonders von dem Bereich, in dem Taue hergestellt wurden, die im Grunde nichts anderes als dickere Schnüre sind.

EIN SPAZIERGANG DURCHS MITTELALTER

Der Schnoor ist ein Muss für jeden Bremenbesucher. Er liegt ein wenig versteckt zwischen Domsheide und dem Tiefer, umringt von modernen Gebäuden. Doch sobald man das kleine Viertel betritt, hat man die Welt ringsum vergessen. Wenn Sie vom Tiefer aus hinter der Holzpforte in den Schnoor einbiegen, gehen Sie direkt auf das Schnoor-Teestübchen zu, gleich links liegt der Kleine Olymp. Hier können Sie Seite an Seite mit Heini Holtenbeen einen über den Durst kippen, am besten Dunkelbier. Dabei kann es vorkommen, dass man meint, das berühmte Bremer Original mit dem Hinkebein flüstere einem ins Ohr: »Segg mal, kannst mi nich'n halwen Groschen lenen, ick schrief dat in min Hauptbook in.«

Tipp

Die kleinen **SCHNOORHÄUSCHEN** gibt es auch zum Mitnehmen. Ebenso viele Leckereien wie Bremer Klaben.

Kurz hinter dem Concordenhaus mit seiner schmucken Backsteinfassade zweigt die Spiekerbartstraße ab. Wer jetzt denkt, dass Straße doch reichlich übertrieben für das enge Gässchen ist, der hat recht, aber es ist bei weitem nicht die engste Gasse. Die nächste links führt Sie in die längste Querstraße, den Schnoor. Wer es ganzjährig weihnachtlich mag, sollte noch ein Stück geradeaus gehen. Am Anfang der Schnoor Straße kommen Katzenliebhaber gleich zweimal auf ihre Kosten: Beim Ottjen-Alldag-Brunnen, den der Bremer Bildhauer Klaus Hornfeld 1964 zur Erinnerung an den Heimatschriftsteller Georg Droste geschaffen hat, und ein Stück weiter im Katzen-Café, mit dem romantischen Hinterhof. An diesem vorbei gelangt man nun in die engste Gasse Bremens. Wer hier nicht mehr durchpasst, hat wohl in einer der zahlreichen Gaststätten des Viertels zu reichlich zugeschlagen. An der Schnoor Oase rechts kommt man zum Hochzeitshaus und wieder zurück zur Schnoor Straße.

ERLEBEN SIE DAS MITTELALTER IN BREMENS PUPPENSTUBE.

BREMER GESCHICHTENHAUS /// WÜSTESTÄTTE 10 /// 28195 BREMEN ///
04 21 / 3 36 26 51 /// WWW.BREMER-GESCHICHTENHAUS.DE ///

Schon ein Stück hinter der Kasse wird klar, dass das Leben zu früheren Zeiten kein Zuckerschlecken war. Zwischen den Tischen steht ein Pranger, der nicht nur in Bremen lange Zeit fester Bestandteil des Rechtssystems war. Für welche Straftaten man an den Pranger gestellt wurde, das wissen die freundlichen Angestellten des Bremer Geschichtenhauses auch prompt zu berichten. Lästern gehörte dazu, ebenso wie Wäschewaschen an einem Sonntag oder dem Ehegatten in der Öffentlichkeit zu widersprechen. Nur gut, meine Damen, dass das Geschichte ist.

LEBENDE GESCHICHTE IN DER WÜSTESTÄTTE

Wenn die reden könnten, was könnten sie nicht alles erzählen! So denkt man oft, wenn man sich in einem Museum die Exponate ansieht. Ein Wunsch, der im Geschichtenhaus wahr wird. Denn hier werden Sie auf eine Reise durch drei Jahrhunderte Bremer Geschichte mitgenommen, auf der Ihnen meist berühmte Persönlichkeiten der jeweiligen Zeit Interessantes zu erzählen haben. Natürlich handelt es sich dabei um Schauspieler, ehemalige Arbeitslose, die in diesem einmaligen Projekt eine neue Aufgabe gefunden haben, die sie mit ausnehmender Professionalität meistern. Was einem hier geboten wird, ist Geschichtsunterricht mit dem Unterhaltungswert eines Theaterstückes. Von witzig über tragisch bis zu schaurig reicht dabei das Repertoire und man erfährt so einiges, was nicht in Geschichtsbüchern zu finden ist. Oder kannten Sie den feinen Unterschied zwischen ›Moin‹ und ›Moin Moin‹ im Bremer Sprachgebrauch? ›Moin Moin‹ sagt man nur zu jemandem, den man von klein auf kennt, ansonsten deutet es – wie uns mit einem Augenzwinkern berichtet wird – auf eine besonders geschwätzige Person hin.

Tipp

Hier gibt es Bremer Geschichte nicht nur zum Hören und Sehen, sondern Sie können die wichtigsten **GENUSSMITTEL** der Hansestadt auch selbst probieren.

Eine Bremer Persönlichkeit kennen vermutlich die meisten von Ihnen, die Giftmörderin Gesche Gottfried. Natürlich wird der bekannteste Fall der Bremer Justiz auch hier vorgestellt. Aus dem Munde ihres Vermieters, Johann Christoph Rumpff erfahren wir, wie man Gesche auf die Schliche gekommen ist, ehe es weiter zu Heini Holtenbeen geht, der mit bürgerlichem Namen Jürgen Heinrich Keberle hieß und gar kein Holzbein hatte, sondern nur ein versteiftes Bein, das er sich bei einem Sturz durch eine Dachluke während seiner Lehrzeit zugezogen hatte.

IN EINER STUNDE DURCH DREI JAHRHUNDERTE

VILLA ICHON /// GOETHEPLATZ 4 /// 28203 BREMEN /// 04 21 / 3 64 98 25 ///
WWW.VILLA-ICHON.DE ///

Die Kaufmannsvilla aus der ersten Hälfte des neunzehnten Jahrhunderts liegt im kulturellen Herzen der Hansestadt. Kein Wunder also, dass man hier alles findet, von der liebevoll renovierten Architektur des Hauses, über Kunstausstellungen und Literaturprojekte bis hin zum Theater. Über viele Jahre hinweg war sie der Mittelpunkt des Bremer Theaterlebens, nachdem 1925 die Bremer Theatergesellschaft das Gebäude gekauft hatte. Seinen Namen, nämlich Villa Ichon, erhielt das Haus jedoch erst in den 1960er Jahren, als die Anwaltskanzlei Dr. Ichon hier Mieter war.

EIN HAUS DER SCHÖNEN KÜNSTE

Nach der Renovierung der Villa entstand ein ganz neues Nutzungskonzept, das sie zur Begegnungsstätte für kulturelle und soziale Vereinigungen machte. Zu verdanken ist dies dem Verein ›Freunde und Förderer der Villa Ichon in Bremen e. V.‹, dessen Arbeit nicht durch staatliche Gelder, sondern durch Spenden finanziert wird.

›In dieser Villa soll friedliche Kulturarbeit geleistet werden, oder, umgekehrt ausgedrückt, eine kulturelle Friedensarbeit.‹ [6]

Tipp

Auf den Internetseiten des Literaturkontors Bremen (www.literaturkontor-bremen.de) und des Virtuellen Literaturhauses Bremen (www.literaturhaus-bremen.de) finden Sie **VERANSTALTUNGEN** rund um das geschriebene Wort.

Und so beherbergt die Villa heute neben anderen amnesty international, die Bremer Friedensstiftung, das Literaturkontor Bremen und das Virtuelle Literaturhaus Bremen. Im Souterrain mit dem wunderschönen Garten befindet sich das Restaurant Villa.

Seit 1983 verleiht der Verein jährlich den mit 5.000 Euro dotierten Kultur- und Friedenspreis der Villa Ichon an einen Kulturschaffenden oder eine Kulturgruppe für ein Werk oder Wirken, das neben einem hohen kulturellen Rang auch ein eindeutiges Bekenntnis zum Frieden darstellt. 2005 zum Beispiel ging der Preis an Udo Lindenberg. Aber auch das Literaturkontor und das Literaturhaus Bremen vergeben jährlich Preise für literarische Werke. Unbedingt ansehen sollten Sie sich auch das nähere Umfeld der Villa. Dort finden Sie die Kunsthalle, die von 2010 bis 2011 aufwendig umgebaut wurde, das Theater am Goetheplatz und das Wilhelm Wagenfeld Haus. Heute ein Haus für Ausstellungen, im 19. Jahrhundert war es jedoch ein Gefängnis, in dem die berühmte Giftmischerin Gesche Gottfried einsaß.

EINE JUGENDSTILVILLA VOLLER KUNST UND KULTUR

WWW.PRIMETIME-CRIMETIME.DE /// WWW.IMPROTHEATER-BREMEN.DE ///
WWW.BREMER-KRIMINAL-THEATER.DE ///

Im Herbst, wenn Nebelschleier über die Weser ziehen und die Nächte länger werden, boomt das Verbrechen in der Hansestadt. Die Mordrate steigt rapide an und allerlei zwielichtige Gestalten pilgern nach Bremen und Bremerhaven, um das kleine Bundesland für zwei Wochen in Angst und Schrecken zu versetzen. Keine gute Zeit, um sich allein in den Straßen herumzutreiben. Besser Sie machen mit und besuchen eine der Veranstaltungen des Bremer Krimifestivals.

OHNE KRIMI GEHT DIE MIMI NIE INS BETT

Wir schreiben das Jahr 1997. Es tut sich was in Bremen, kriminelle Gesellen aus aller Welt sollen sich in Bremen zusammenfinden, heißt es. Schon trifft man sich in konspirativen Kreisen und schmiedet Pläne für einen großen Coup. Ihr Anführer: Bremens berüchtigter Krimischriftsteller Jürgen Alberts. Er ist es, der die Idee für ein Krimifestival aus dem Süden mitbrachte. In der ›Semana negra‹ im spanischen Gijón gibt es Musik, Kunst und Literatur in einem großen Open-Air-Festival. Nun, das wäre auch was für Bremen, denkt er sich und setzt die Idee sogleich erfolgreich um. Open Air bietet sich in Bremen, zumal im Herbst, nicht unbedingt an und so verlegt man die Veranstaltungen an wetterfeste Orte und gibt dem Festival einen thematischen Rahmen, den Krimi in all seinen Varianten. Der Kriminalroman ist das beliebteste Genre der Deutschen, jedes fünfte verkaufte Buch ist ein Krimi. Aber auch im Theater und in der Musik ist das Verbrechen ein gern gesehenes Thema. Bei der ›Prime Time Crime Time‹ finden Sie demnach nicht nur Krimilesungen mit nationalen und internationalen Autoren, es gibt auch kriminell gute Musik, Theater, solo und in Kombination mit Lesungen, kriminelle Stadtführungen und vieles mehr. Was jeweils los ist, finden Sie auf der Homepage.

Tipp

UNTERHALTUNG IM GROSSEN STIL – für alle, die es spannend mögen, werden hier nationale und internationale Krimigrößen präsentiert.

NATIONALE UND INTERNATIONALE KRIMIGRÖSSEN AN DER WESER

Aber auch wenn Sie im Frühjahr, Sommer oder im Winter in Bremen sind, müssen Sie natürlich nicht auf spannende Unterhaltung verzichten. In der Krimibibliothek zum Beispiel gibt es das ganze Jahr über interessante Lesungen. Beim Improtheater Bremen können Sie das gespielte Stück selbst mitgestalten oder sich beim bremer kriminal theater kriminelle Klassiker ansehen.

PIANO /// FEHRFELD 64 /// 28203 BREMEN /// 04 21 / 7 85 46 ///

Das ›Viertel‹ ist Bremens lebendigster Stadtteil. Alternative Szene, Künstler, Nationalitäten aller Herren Länder, bunt gemischt in den kleinen Gässchen und verwinkelten Plätzen. Und das spiegelt sich auch in der Gastronomie wider, die dort zahlreich vertreten ist. Döner, Falafel, Asia-Shops, aber auch zahlreiche Kneipen, Restaurants und Cafés. Viele von ihnen haben eine lange Tradition und sind das, was man als Bremer Originale bezeichnet. Das Piano ist eines davon.

HAB ICH GABEL GESAGT?

Wie sieht eigentlich ein typisch bremisches Frühstück aus? Labskaus oder Marmeladenbrötchen? Schwarzer Tee oder Kaffee? Müsli oder die Edelvariante mit Sekt und Räucherlachs? Das typische Frühstück besteht aus zwei ›Krossen‹ mit Auflage und / oder Marmelade und dazu ein Frühstücksei. Ich frage mich durch meinen Freundeskreis und stelle fest, dass doch jeder so seine individuellen Vorlieben hat. Bei Ihnen ist das auch so? Dann sind Sie im Piano genau richtig, denn hier findet jeder sein ganz persönliches Frühstück, und das von 9 Uhr morgens bis 16 Uhr am Nachmittag. Hier kriegen Sie traditionelles Frühstück in groß, klein und wirklich klein (so steht es auf der Karte, aber es ist immer noch reichlich genug); italienisches Frühstück, spanisches, französisches, norwegisches, holländisches, englisches und noch das ein oder andere mehr. Natürlich werden Sie auch beraten, wie gerade der Herr an meinem Nebentisch:

> **Tipp**
> Frühstücken wie Gott in Frankreich oder doch lieber das gesunde **JOGGERFRÜHSTÜCK**, oder nur nen Pott Kaffee? Hier kriegen Sie alles.

FRÜHSTÜCKEN AUF BREMER ART

»Wissen Sie, das Interessante sind nämlich die Eier.« – »Dann nehmen Sie doch das englische Frühstück.« – »Nein, ich möchte mir lieber selbst etwas zusammenstellen, nämlich zwei Spiegeleier auf Toast mit Speck. Dazu vielleicht noch etwas Orangenmarmelade.«

Die Bedienung nickt, lächelt freundlich und bringt ihm ein englisches Frühstück. Wenig später meldet sich der Gast erneut: »Fräulein, kann ich bitte noch eine Gabel haben?« Auch die wird ihm prompt gebracht. »Ach, habe ich Gabel gesagt, ich habe doch Messer gemeint.« Das ›Fräulein‹ bringt es ihm und fragt, ob er zufrieden sei. Der Herr strahlt, ja, sagt er, seine Zusammenstellung sei ganz einmalig.

STERNTALER
1 VERSUCH 2€
3 VERSUCHE 5€
Preis:
Der
Golddukaten
Regularium:

Während der Saison lockt der Kajenmarkt jeden Samstag die Menschen an das Ufer der Weser – Schausteller, Straßenmusikanten, Kunsthandwerker und Marktschreier wetteifern um die Gunst der Gäste. Und dann im Dezember öffnet der historische Weihnachtsmarkt seine Tore. Hier bestimmen nicht Hightech und Sensationen das Geschehen, sondern Menschen wie Michael Saathoff mit ihren bodenständigen Ideen.

STERNTALER AN DER WESER

Der Vorsteven durchschneidet die Wogen – weißer Schaum krönt die Bugwelle. Die Takelung summt und der Mast ächzt. Eine leichte Brise bläht die Segel und treibt das Schiff unaufhaltsam nach Norden. Ein tiefschwarzes, mondloses Firmament wölbt sich von Horizont zu Horizont – übersät von Millionen Lichtpunkten. Der Anblick lässt mich die Kälte auf dem Oberdeck vergessen. Hoch oben im Mast hängt die Schiffglocke und wartet auf mich.

> **Tipp:** Samstags, von Mai bis September, öffnet an der Schlachte der **KAJENMARKT** seine Tore und im Dezember beherrscht der historische Weihnachtsmarkt das Treiben.

»Läutest du«, erklärt der Kapitän geheimnisvoll, »fallen die Sterne als Taler vom Himmel.«

Na klar, im Märchen, denke ich, und will weitergehen. Aber der Schalk in den Augen des Kapitäns – das schaffst du sowieso nicht, mögen sie sagen – verunsichert mich. Ist doch kinderleicht: Einfach die Wanten hinaufklettern, Oberkörper aufrichten, Glocke schlagen und schon regnet's die Belohnung.

IMMER WAS LOS AN DER SCHLACHTE – MITTELALTER UND NÖRDLICHES VOLKSBRAUCHTUM

Ich reibe meine steifen Finger aneinander, beuge mich vor, fasse die Strickleiter, setze einen Fuß auf die erste Sprosse und ziehe den anderen nach. Huch, das wackelt aber. Ich tariere das Schlingern aus, die Hände gleiten höher und der Fuß tastet nach der zweiten Stufe. Mein Oberkörper bekommt Schlagseite und … ich liege im kalten Leinentuch.

Michael Saathoff schmunzelt: »Noch mal?«

Ich schüttele den Kopf. Das Grinsen der 20 Gaffer um uns herum reicht mir fürs Erste.

Michael Saathoff zwinkert mir zu und wendet sich dem nächsten Wagemutigen zu. Er und sein Sterntaler bereichern wie viele andere Schausteller mit ihrem nördlichen Flair die Volksfeste nicht nur an der Schlachte.

PANNEKOEKSCHIP ADMIRAL NELSON /// SCHLACHTE ANLEGER 1 ///
28195 BREMEN /// 04 21 / 3 64 99 84 /// WWW.ADMIRAL-NELSON.DE ///

Na endlich mal ein altes Segelschiff, mag der Herr denken, der mit seiner Frau am Weserufer entlangschlendert und einen neugierigen Blick auf die dort liegende Fregatte aus Admiral Nelsons Zeiten wirft. Im Näherkommen bemerkt er, dass man an Bord einkehren kann. Er hält inne, wechselt mit seiner Frau einen vielsagenden Blick, und da die nahe Kirchturmuhr gerade die Mittagsstunde einläutet, kehren die beiden ein.

PFANNKUCHEN IN JEDER VARIATION

Der nette Herr und seine Frau studieren die Speisekarte. Sie blättern hin und her und schauen sich verwundert an – Pfannkuchen auf allen Seiten. Aber nicht nur in der süßen Variante, wie wir Deutschen sie kennen, sondern auch herzhaft mit Speck und Käse oder naturell gebacken, da bestimmt der Belag die Geschmacksrichtung. Diese Eigenart der Admiral Nelson erklärt sich schnell: Das Konzept des Restaurantschiffes geht auf eine holländische Idee zurück; und in den Niederlanden gehören Pfannkuchen zu jeder Tages- und Nachtzeit auf den Tisch.

Tipp

Pfannkuchen aller Geschmacksrichtungen und eine frische Brise – wer auf einem alten Segler dinieren möchte, kommt am **PANNEKOEKSCHIP** kaum vorbei.

Angelegt hat die Admiral Nelson im Jahr 2001, als die Schlachte ihr neues Gesicht erhielt. Seither sind Scharen von Touristen gekommen, die das besondere Flair des historischen Seglers genießen. Neben den Urlaubern zieht die Admiral Nelson auch Familien an. Bei den Kleinen sind die Piratenpartys besonders beliebt. In passender Kostümierung und bei einer spannenden Schatzsuche gerät jeder Kindergeburtstag zum unvergesslichen Erlebnis.

Der historische Hintergrund des Pannekoekschip, es wurde den Bauplänen der Picton Sea Eagle aus dem Jahre 1780 nachempfunden, ist der Besatzung steter Ansporn, den Besuchern eine zünftige Seereise zu bieten. Kanonen an Oberdeck, ein stattlicher Stockanker am Klüverbaum, rustikale Möbel, maritime Requisiten und ein freundlicher Bootsmann, der den Gästen die Wünsche von den Augen abliest, machen den Aufenthalt an Bord zum Erlebnis – inklusive des herrlichen Blicks auf die Weser und die Packhäuser des Teerhofs.

DER GASTRONOMISCHE MITTELPUNKT AN BREMENS NEUER WESERPROMENADE

BREMINALE /// OSTERDEICHWIESEN ZWISCHEN TIEFER UND CAFÉ AMBIENTE ///
28205 BREMEN /// 04 21 / 50 05 03 /// WWW.BREMINALE.DE ///

»Das Bild ist eine Fälschung!«, mag so mancher Breminale-Fan ausrufen. Das gibt's gar nicht: Das Kulturfestival auf den Osterdeichwiesen bei Sonnenschein und die Fans kommen mit Kind und Kegel und Fahrrad. Wann soll das gewesen sein? Breminale heißt doch landläufig ›Schietwetter-Festival‹. Die Besucher rechnen stets mit Mengen an Wasser von oben; oder gar mit einem überschwemmten Festivalgelände, weil die Weserflut zu hoch gerät.

KUNST, SPASS UND SONNE

Der Makel vom Schlechtwetter-Happening haftet wie Pech an der Breminale, doch zunehmend unberechtigt. Seitdem die Macher das Festival vor einigen Jahren von Pfingsten auf Anfang Juli verlegt haben, spielt auch das Wetter mit. Bei idealen Bedingungen, wie 2011, kommen sogar mehr Besucher, als das Gelände verkraften kann.

Tipp

Kulturhungrige sollten den Termin unbedingt in ihrem Kalender festhalten: Jedes Jahr Anfang Juli, vor den großen Ferien, Treffpunkt **OSTERDEICHWIESEN.**

Mit der zunehmenden Kommerzialisierung von Stadt- und Straßenfesten hatten sich 1986 zwölf Frauen und Männer der ersten Stunde zusammengefunden, um ein von Kultur geprägtes Festival an der Weser ins Leben zu rufen. Die Jahre vergingen, die Anforderungen stiegen, so manches Mal drohte das jähe Ende, aber die Breminale konnte sich immer wieder anpassen und auch in größter Seenot überleben. Geblieben ist auch das Motto: ›Umsonst, draußen und bei tollem Wetter‹. Die Gäste können sämtliche Veranstaltungen ohne Eintritt genießen.

Auf fünf Bühnen, untergebracht in Zirkuszelten, bekommen die Besucher ein breites Spektrum an Musik geboten: Von Blues und Jazz über Punk und Rock bis hin zur Weltmusik. Dazu begeistern Kunsthandwerker, Jongleure und Gaukler, fantasievolle Kinderspiele, Freiluftkino auf einer Großleinwand, wie auch Theater und Tanz. Zahlreiche Händler bieten ihre Waren feil. Bei dem vollgepackten Programm fällt es auch niemanden mehr auf, dass eine solche Breminale ohne Kommerz heute nicht mehr auskommt.

VIEL KULTUR UND NOCH MEHR GAUDI AM UFER DER WESER, BEI WENIG KOMMERZ.

Und wem's zu heiß wird, der setzt kurzerhand mit der Sielwallfähre zum Café Sand auf das linke Weserufer über und wagt hier am Sandstrand den Sprung ins kühle Nass.

WESERSTADION /// FRANZ-BÖHMERT-STRASSE /// 28205 BREMEN ///
04 21 / 69 63 60 /// WWW.WESERSTADION.DE ///

Wann fiel das späteste Tor in der Bundesliga? – Am 06.08.2004 (einem Freitag) um 23.13 Uhr im Weserstadion. Das als Saisonauftakt vorgesehene Spiel Werder gegen Schalke sollte um 20.30 Uhr angepfiffen werden. Aber eine beschädigte Stromleitung der Flutlichtanlage sorgte für eine finstere Stunde und einen um 65 Minuten verspäteten Anpfiff. So fiel der Treffer in der 83. Minute erst um 23.13 Uhr.

EINE FINSTERE STUNDE UND EIN SCHWARZER TAG

Während die Spielverzögerung noch als Kuriosum durchgehen mag, erlebte das Weserstadion am 06.05.1980 einen schwarzen Tag, der der Stadt mit 307 Verletzten und erheblichem Sachschaden eine erschreckende Bilanz bescherte.

Was war passiert? Der damalige Verteidigungsminister Hans Apel wollte den 25. Jahrestag des Beitritts der Bundesrepublik zur NATO mit einem Großen Zapfenstreich und dem Gelöbnis von 1.200 Wehrpflichtigen würdigen – in Bremen. Hier war 1955 auch das erste öffentliche Gelöbnis durchgeführt worden. Der Bremer Bürgermeister Hans Koschnik stimmte dem Vorhaben zu, löste damit aber in weiten Teilen der Bevölkerung helle Empörung aus. Wenige Monate zuvor hatte die NATO ihren Doppelbeschluss zur Raketennachrüstung gefasst. Und so riefen Militäraufmärsche in jener Zeit beinahe automatisch den Volkszorn hervor. Aus Widerstand gegen Minister Apels Feierlichkeiten hatten Jusos, Gewerkschaften, Kirchenkreise und Studenten eine Demonstration angemeldet und mehr als 8.000 Teilnehmer mobilisiert. Unter ihnen gewaltbereite Extremisten, die den Protest binnen kurzer Zeit eskalieren ließen und damit die Exzesse auslösten.

Tipp: Moderne **SPORTARCHITEKTUR** am Fluss – für Fußballfans eine Pilgerstätte; für Touristen und Spaziergänger ein lohnender Abstecher an die Weser.

DA, WO DIE WESER IHREN BOGEN MACHT – WERDER BREMENS HEIMSTATT

Dieser eine schwarze Tag steht völlig im Gegensatz zu dem ansonsten friedlichen Ort. Auf ihrem Streifzug am Weserufer entlang laufen hier tagtäglich hunderte von Spaziergängern vorbei. Das moderne Kleid der Anlage zieht dabei so manchen Blick auf sich – insbesondere, wenn Sonnenstrahlen neckische Lichtreflexe auf die Glasflächen zaubern.

RESTAURANT AM DEICH 68 /// AM DEICH 68 /// 28199 BREMEN ///
04 21 / 5 97 96 82 /// WWW.RESTAURANT-AM-DEICH.DE ///

»Sie sind jetzt zuständig!« Der Kellner blickt den Herrn zu seiner Rechten mit einem Schmunzeln an. Der Gast, der zusammen mit seinen drei Freunden einen Weißwein bestellt hatte, schaut kurz auf und nickt. »Na klar.« Der Kellner befestigt den Kühler am Tischbein, wünscht den Herren ein »Zum Wohl« und zieht sich diskret zurück. Der Zuständige schenkt seinen Begleitern ein und sie stoßen miteinander an.

WO MAN SICH UNGESTÖRT UNTERHALTEN KANN

»Sind Sie nicht das Restaurant mit dem Weinkühler am Tischbein?«, werden Cornelia Tölke und Henner Reichel schon mal gefragt. Im Restaurant am Deich serviert der Kellner offene Weine (immerhin 20 Sorten) in Flaschen. Bezahlen braucht der Gast natürlich nur die tatsächlich getrunkene Menge. Was im ersten Moment ungewöhnlich anmutet, folgt dem Konzept der beiden Inhaber: Bei ihnen können sich die Gäste ungestört unterhalten. Eine schallschluckende Deckenverkleidung, nicht übermäßig große Tische und eben die Selbstbedienung beim Wein sorgen für eine entspannte und ruhige Atmosphäre. Seit geraumer Zeit erklingt auch keine Hintergrundmusik mehr, weil die niemand vermisst.

> **Tipp**
> Die **EXPERIMENTIERKÜCHE** an der Weser – hier bestellen die Gäste, was sie noch nie probiert haben, woanders auch nicht bestellen würden, und genießen.

Die Becks-Brauerei hatte einmal das linksseitige Flussufer in der Neustadt als schlechteste Lage der Stadt eingestuft. Selbst nach der City-Anbindung über die Brücken via Teerhof ist es dabei geblieben. Denn: In Bremen geht man zum Essen nicht über die Weser. Die beiden Inhaber haben gelernt, mit dieser Marotte der Bremer zu leben – sie pflegen ihre Stammkundschaft und freuen sich über eine rege Mundpropaganda zufriedener Gäste.

> **WER KUNST ALS BRUCH DES FÖRMLICHEN VERSTEHT, FÜHLT SICH HIER AM DEICH WOHL.**

»Es ist keine Kunst, ein gutes Restaurant aufzumachen«, erklärt mir Henner Reichel. »Die Kunst besteht darin, nach fünf Jahren immer noch erfolgreich zu sein.« Er hat jetzt schon die vierfache Zeit geschafft und begeistert seine Gäste noch immer – das Geheimnis: stetiger Wandel. Jeden Monat wechselt die Speisekarte komplett und auch die Kunstfotos an der Wand verändern sich von Zeit zu Zeit.

IM BÜRGERPARK /// 28209 BREMEN /// WWW.BUERGERPARK.DE ///

Die meisten Städte in Deutschland haben einen Stadtpark, so natürlich auch Bremen, nur nennt sich dieser Bürgerpark, und das mit gutem Grund. Die Bremer lieben ihren Bürgerpark. Nicht nur aus den umliegenden Stadtvierteln Finndorff und Schwachhausen kommt man hierher in die Sommerfrische oder im Winter zum Schlittschuhlaufen, Rodeln oder einfach nur, um spazieren zu gehen. Und so ist es denn für die Bremer auch selbstverständlich, dass sie für den Unterhalt des Parks selbst aufkommen, was durch Spenden und jedes Frühjahr mit einer großangelegten Tombola geschieht.

VON DER WEIDE ZUM PARK

Und auch die Entstehung des Parks selbst ist den Bremer Bürgern zu verdanken. 800 Jahre lang flanierte lediglich Vieh auf der Volksweide, doch je größer Bremen wurde, desto mehr ging die Viehhaltung im Stadtgebiet zurück und es galt, 1864 eine neue Nutzung für das ehemals 450 Hektar große Areal zu finden. Schnell war die Idee eines Volksgartens geboren, doch für die Gestaltung der baumlosen Fläche hatte der Senat – wie so oft in der Geschichte Bremens – kein Geld übrig. Also behalfen sich die Bremer selbst.

Tipp

Besuchen Sie den **BREMER FREIMARKT** mit Freimarktsumzug und dem kleinen Freimarkt in der Innenstadt von Mitte bis Ende Oktober.

1866 bekam die ins Leben gerufene Bürgerinitiative von Senat und Bürgerschaft ein Gebiet von 76 Hektar Größe zugewiesen, sieben Jahre später kamen weitere 60 Hektar dazu. So konnte von 1866 bis 1872 der Landschaftsarchitekt Wilhelm Benque mit 170 Arbeitern den Bremer Bürgerpark zwischen der heutigen Hollerallee und der Ringstraße anlegen. Hier und im angrenzenden Stadtwald findet sich alles, was man für einen Ausflug ins Grüne benötigt. Liegewiesen, schattige Alleen, Wasserläufe, ein Badesee, Kaffeehäuser, Biergärten, elegante Restaurants, Tiergehege und Kinderspielplätze. Und wem das nicht genug ist, der sollte im Sommer hierher kommen, wenn kulturelle Angebote locken, wie Shakespeare im Park oder Konzerte und Frühschoppen im Biergarten an der Waldbühne. Und wer es ganz und gar ausgelassen möchte, der kommt in der fünften Jahreszeit auf die Bürgerweide. Nein, das ist kein Schreibfehler, in Bremen gibt es neben Frühling, Sommer, Herbst und Winter noch eine fünfte Jahreszeit, den Freimarkt mit Buden, Fahrgeschäften und Bierzelten.

EIN PARK MIT FÜNF JAHRESZEITEN

ANTJES KAASWINKEL /// PAPPELSTRASSE 98 /// 28199 BREMEN ///
04 21 / 50 21 21 /// WWW.ANTJES-KAASWINKEL.DE ///

»Was ist Gudbrandsdalsost?« Ich gestehe: Vor meinem Besuch bei Heike Fackeure hätte ich es auch nicht gewusst. Als sie mir die braune Verpackung auf den Ladentisch legt, muss ich den Namen erst fünfmal leise lesen, bevor ich mich traue, ihn auszusprechen. Meine Gastgeberin hat's da leichter – sie geht täglich mit ungewöhnlichen Produktnamen um; schließlich verkauft sie 160 Käsesorten aus 10 Ländern.

NICHT NUR KÄSE – AUCH KLEINE EXTRAS FREUEN DIE KUNDEN

In grauer Vorzeit arbeitete die heutige Ladeninhaberin in einem Gourmetrestaurant als Käse-Fachfrau. Um sich weiterzubilden, jobbte sie an freien Tagen in Antjes Kaaswinkel und lernte so die Vorbesitzerin kennen. Eines schönen Tages erhielt Heike Fackeure das Angebot, das kleine Spezialgeschäft fortzuführen.

Tipp Wie in der guten alten Zeit: **KÄSESPEZIALITÄTEN** (und anderes) im Tante-Emma-Laden mit kompetenter Beratung und garantiertem Probekosten.

Die Arbeit mache ihr immer noch viel Spaß, erklärt mir die junge Frau und ergänzt augenzwinkernd: »Das gehört aber auch dazu – die Kunden merken's.« Heike Fackeure punktet bei ihrer Käuferschaft aber nicht nur mit Käsespezialitäten – sondern auch mit kleinen Extras. Jeden Dienstag backt ihr Mann zum Beispiel Brot, für das manche Kunden eigens kommen. Und ihr Käsekuchen, den sie regelmäßig anbiete, sei unübertroffen – behaupteten jedenfalls die Käufer.

Die Unterhaltung mit Heike Fackeure macht mir Spaß und ich könnte noch so manches aufschreiben; aber ich muss ja noch meine Eingangsfrage auflösen. Also: Gudbrandsdalsost ist Braunkäse aus dem norwegischen Tal Gudbrandsdalen. Der Geschmack nach Karamell entsteht während der Herstellung. Die Milch wird dabei so lange aufgekocht, bis der enthaltene Zucker karamellisiert und dem Käse die blassbraune Farbe und den süßen Geschmack verleiht. In Deutschland weitgehend unbekannt, kaufen ihn besonders Stammkunden, die das spezielle Aroma in Norwegen kennengelernt haben. »Liebhaber nehmen dann schon mal zwei Kilo auf einmal«, verrät mir Heike Fackeure. Das sei aber kein Problem, da der Gudbrandsdalsost durch den Zuckeranteil kaum verderbe.

EIN REICH GEDECKTER (LADEN-)TISCH FÜR GOURMETS UND KÄSELIEBHABER.

UNIVERSUM /// WIENER STRASSE 1 A /// 28359 BREMEN /// 04 21 / 3 34 60 ///
WWW.UNIVERSUM-BREMEN.DE ///

Ein Tornado! Nicht als zerstörerisches Monster in Nordamerika oder hier in Deutschland. Nein, eingesperrt in einen Käfig zeigt er sich als gezähmte Bestie. Die Besucher können ihn anfassen, auslöschen, zu neuer Kraft erwachsen sehen. Das Modell hilft, die Natur eines Tornados zu verstehen, wie all die anderen Exponate, die sich im Universum den Besuchern präsentieren und Wissenschaft zum Erlebnis erheben.

HEUTE SCHON GESTAUNT?

Wer sich dem Gelände des Universums nähert, entdeckt zuerst den auffälligen Bau mit der Metallfassade. Was stellt das Ding eigentlich dar? Einen Wal? Eine Muschel? Einen Diskus? Der Architekt verrät es nicht – er möchte die Besucher bereits hier draußen neugierig machen. Die glänzende Außenhaut beherbergt das Science Center, das für die Besucher drei Expeditionen – Mensch, Erde, Kosmos – bereithält.

Neben dem imposanten Aluminiumbau wirkt die SchauBox mit ihrer rostigen Fassade eher schlicht und bildet damit den äußeren Ruhepol des Universums. Aber Ruhe herrscht im Inneren nie; im Gegenteil, hier ist immer was los, wenn Sonderausstellungen und Veranstaltungen das Publikum anlocken.

Tipp

Wie in einem übergroßen Labor bietet das Universum seinen Besuchern auf über 300 Stationen **WISSEN** zum Ausprobieren, Erfühlen und Entdecken.

Bleibt der Entdeckerpark, der mit seinem Turm der Lüfte im Außenbereich so manche Überraschung bereithält.

Kennen Sie das Aqua Mystica? Nein? Betreten Sie den kleinen Pavillon, der das Wunder beherbergt, sehen Sie einen Glasstab im Wasser stehen. Erst wenn Sie ihn berühren und nasse Finger bekommen, gibt sich der Wasserstrahl zu erkennen. Völlig ohne Wirbel tritt er aus der Decke aus und verschwindet geräuschlos in der Wasseroberfläche unten.

TUMMELPLATZ FÜR NEUGIERIGE, WISSBEGIERIGE UND SCHLAUKÖPFE JEDEN ALTERS.

Neben den Phänomenen aus Wissenschaft und Technik bietet das Universum auch so manche Neuigkeit, die nicht gerade zur Allgemeinbildung gehören muss, Sie aber dennoch interessieren dürfte, wie zum Beispiel dieses Ausstellungsplakat zum Zeitempfinden des Menschen: ›Wir haben 2580 mal Sex mit 5 verschiedenen Partnern, dabei erleben wir 2 ¼ Stunden den sexuellen Höhepunkt.‹ Oder … Nein! Gehen Sie selbst hin und lassen sich überraschen.

RHODODENDRONPARK UND BOTANIKA /// DELIUSWEG 40 /// 28359 BREMEN ///
WWW.BOTANIKA.NET /// WWW.RHODODENDRONPARK-BREMEN.DE ///

600 von gut 1.000 bekannten Wildarten und über 3.000 Züchtungen von Rhododendren und Azaleen verwandeln den Rhododendronpark in Bremens Edelviertel Schwachhausen jedes Frühjahr in ein Festival der Farben. Eine botanische Schatztruhe und die weltweit zweitgrößte Sammlung dieser Pflanzenart, die aus unseren Gärten nicht mehr wegzudenken ist.

MENSCHENRECHTE IM BLÜTENZAUBER

Die immergrünen Büsche, der jahrhundertealte Baumbestand, Heidelandschaften, Wasserläufe und viele liebevolle Details machen den Landschaftspark zu jeder Jahreszeit zu einem lohnenden Ziel. Und seit 2003 geben die auf Bronzebändern entlang der Wege nachzulesenden Menschenrechte dem Spaziergang einen tieferen Sinn. Wer sich allerdings nicht dem viel zitierten Bremer Schietwetter aussetzen möchte, der begibt sich in das Herz des Parks, die botanika. Dort kann man ganzjährig tropisches Klima erleben und sich auf eine Entdeckungsreise durch die grünen Welten Asiens begeben, dem Hauptursprungsort der Rhododendren. Während in den Sommermonaten die Pflanzen im Mittelpunkt stehen, gesellen sich von September bis März etwa 500 bunte Schmetterlinge hinzu, die ebenfalls Temperaturen um die 30 Grad Celsius zu schätzen wissen. Der Rundgang durch die botanika startet im neuen Erlebnishaus, wo Sie sich thematisch einstimmen und Sir William Hunter auf seiner Expedition durch den Himalaya begleiten können. Die Leidenschaft des gelernten Arztes galt der Geografie und dem Reisen, eine Passion, die er mit seiner Frau teilte. Der Himalaya ist eines der faszinierendsten Gebiete unserer Erde, nicht nur wegen des Mount Everest, der bei den Tibetern Comolungma ›Mutter des Universums‹ genannt wird. Wenn man die Schönheit und Mystik dieser Landschaften erlebt, bekommt man eine Ahnung davon, was Nirwana bedeutet. Und wenn die Landschaft es noch nicht vermochte, dann setzen Sie sich der Statue des Nirwana-Buddhas gegenüber, lassen das sanfte Wasserplätschern auf sich wirken, sehen in das lächelnde Gesicht und Sie gleiten wie von selbst in den Zustand jenseits aller Sorgen.

Tipp: Besuchen Sie den **RHODODENDRONPARK** in der Hauptblütezeit von Mitte April bis Mitte Juni.

EINE WELTWEIT EINZIGARTIGE ZUSAMMENSTELLUNG VON RHODODENDREN UND AZALEEN

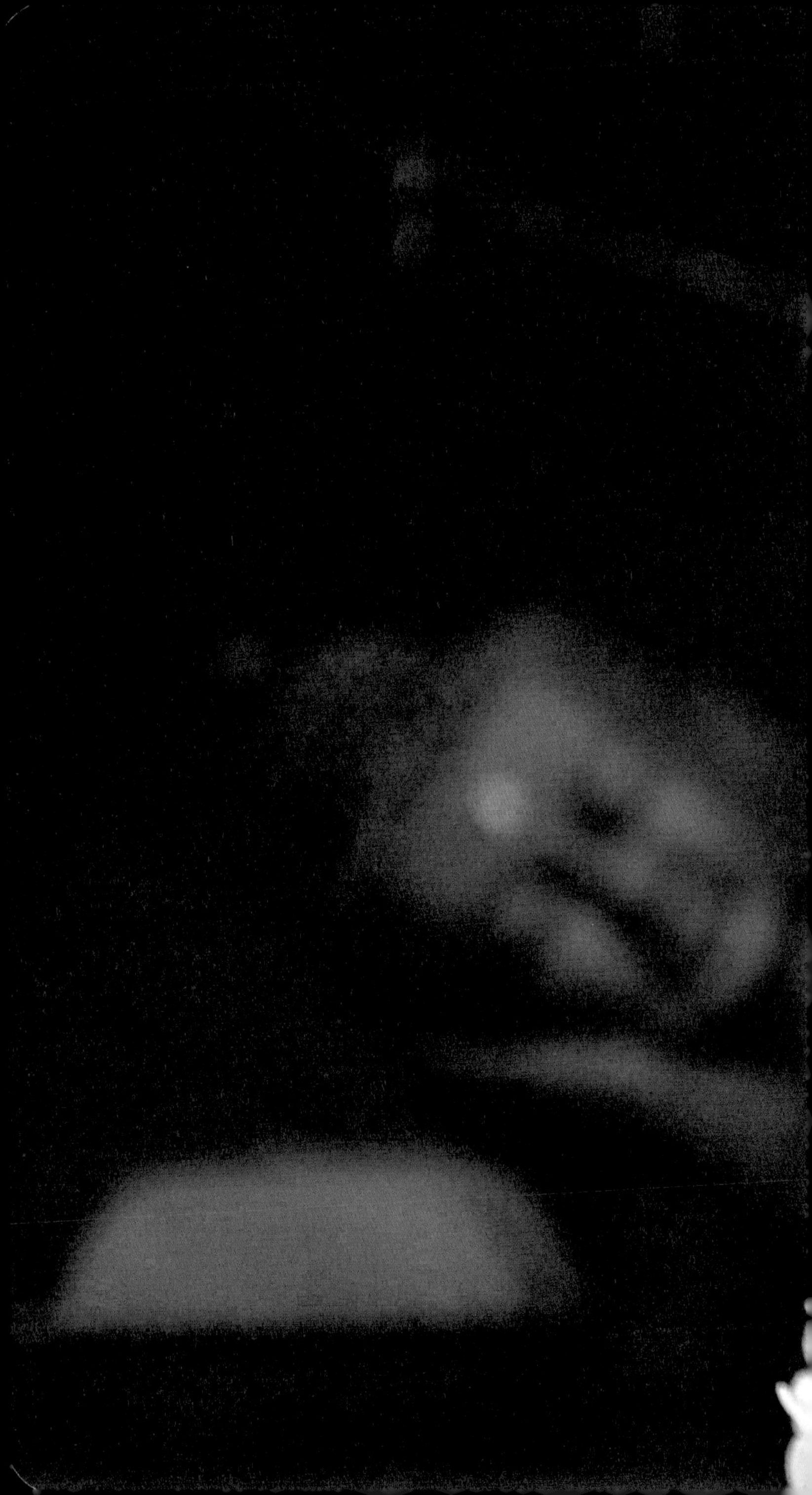

SÜDLICH VON BREMEN

TOURISMUSMARKETING NIEDERSACHSEN GMBH /// ESSENER STRASSE 1 ///
30173 HANNOVER /// 05 11 / 2 70 48 80 ///
WWW.REISELAND-NIEDERSACHSEN.DE ///

Vor mehr als 20 Jahren fand ich hier meinen Lieblingsplatz, meine neue Heimat – Niedersachsen. Die Menschen feierten damals gerade das wiedervereinigte Vaterland und der Kanzler aller Deutschen versprach im Osten blühende Landschaften, raubte mir aber den Arbeitsplatz. Ich verspürte keine Lust, auf die Wunder des mächtigen Pfälzers zu warten. Und so zog ich los – westwärts, wie viele meiner Landsleute, auf der Suche nach einem unbekannten Lebensinhalt.

NEUE HEIMAT NIEDERSACHSEN

Dieser erste gesamtdeutsche Januar war kalt gewesen, wie wir ihn seit vielen Jahren nicht mehr erlebt hatten. Die Wochenend-Heimfahrten zu Frau und Kindern über verschneite Landstraßen gerieten zum Wagnis und am Montagmorgen, lange vor Sonnenaufgang, hieß es Abschied nehmen. Während der Fahrt geisterten stets die gleichen Fragen durch meinen Kopf: Reicht mein Fachwissen? Akzeptieren mich die Kollegen? Werde ich es schaffen? Bekommt meine Frau Arbeit? Finden wir eine bezahlbare Wohnung? Verkraftet die Große den Schulwechsel? Bekommt die Kleine neue Freunde?

> **Tipp**
> Das **SÜDLICHE UMLAND BREMENS** ist liebenswert und mit seinen ländlichen Strukturen und weiten Landschaften typisch für den Nordwesten Deutschlands.

Leider brachten die ersten Wochen keine Antworten sondern neue Fragen. Im Fernseher flogen Raketen auf Bagdad – würde ein Geschoss auch meine Existenz treffen und zerstören?

Die schweren Tage des Neubeginns gingen vorüber, es folgten Siege und manch Niederlage, aber ich hatte Wurzeln schlagen können – in dem Land, das das Sachsenross als Wappen führt, weiß auf rotem Schild.

Niedersachsen ein Lieblingsplatz? Das große Flächenland vereint die unterschiedlichsten Regionen – von Ostfriesland an der Küste bis hin zum Harz mitten in Deutschland. Kann diese Vielfalt eine Heimat werden? Für mich ja, der ich hier zwar nicht geboren bin, aber der hier sein zweites Leben begann. Überall finden sich Städte und Dörfer, Wiesen und Felder, weite Ebenen und dichte Wälder, sanfte Hügel und vereinzelt Berge, und dieser bodenständige Menschenschlag von uns Norddeutschen.

> **NIEDERSACHSEN – EIN LAND ZUM WOHNEN, LEBEN UND WOHLFÜHLEN.**

OTTO MODERSOHN MUSEUM /// IN DER BREDENAU 95 ///
28870 FISCHERHUDE /// 0 42 93 / 3 28 /// WWW.MODERSOHN-MUSEUM.DE ///

Hätte er diesen Anblick der weit ausladenden Eiche über der glitzernden Schneelandschaft gemocht, der Maler Otto Modersohn? Bestimmt. Wie ein stumm ergebener Soldat bewacht der stattliche Baum das Vermächtnis des Künstlers, das das Museum in zahlreichen seiner Werke bewahrt. Besser könnte eine Landschaft die Besucher kaum auf die Stimmungstiefe der rauen, manchmal heiter-melancholischen Bilder vorbereiten.

LIEBE AUF DEN ERSTEN BLICK

Das natürliche Dekor von Fischerhude, der noch heute hinreißend unbeschleunigten Ortschaft inmitten von Wümmewiesen, hatte Otto Modersohn bereits bei seinem ersten Besuch aus dem benachbarten Worpswede bezaubert. Und so schrieb er am 10. August 1906 an seine Paula, die gerade in Paris weilte: ›Die Woche in Fischerhude war herrlich. Das Dorf wirkte märchenhaft auf mich. Das Wasser bringt so viel Leben hinein … Ich habe auch einiges gemalt, darunter ein Bild ›Die Wümme unter Bäumen‹ ist vielleicht das Farbigste was ich bisher gemalt.‹ [7]

Tipp

Erleben Sie das **MUSEUM** in stiller Zwiesprache mit den Bildern oder genießen Sie eine individuelle Führung, die nach vorheriger Vereinbarung stets möglich ist.

Seine Begeisterung für den Ort führte ihn 1908 wieder hierher – um Zuflucht zu suchen. Im November 1907 war im gemeinsamen Haus in Worpswede seine geliebte und als Künstlerin hoch geachtete Ehefrau Paula Modersohn-Becker gestorben. Sie hatte die Geburt der gemeinsamen Tochter Mathilde nur um wenige Tage überlebt.

Der Verlust und die mystisch umflorte Abgeschiedenheit seiner neuen Heimat bestimmten fortan auch das Schaffen des Künstlers. Menschen dienen in seinen kleinformatigen Holztafeln und großen Leinwandbildern höchstens als Staffage. Mehr als zwei Kirchgänger in einer verschneiten Landschaft eines Neujahrstages oder schemenhaft im Fluss badende Kinder findet man nicht. Für Modersohn kam zuerst der Baum, dann die Blume und dann erst der Mensch.

LANDSCHAFTSMALEREI IN BESCHAULICHER ABGESCHIEDENHEIT DER WÜMMENIEDERUNG

Ursprünglich nur als Gedenkstätte geplant, wandelte sich das Otto Modersohn Museum durch den Zuwachs der Sammlung und durch das breite Interesse der Besucher längst in einen Treffpunkt für Kunstinteressierte.

HAUS BERKELMANN /// ZUM DIEKER ORT 13 /// 28870 FISCHERHUDE ///
0 42 93 / 3 44 /// WWW.HAUS-BERKELMANN.DE ///

Die Straße mit ihrem Kopfsteinpflaster, beschattet von hohen Bäumen, erinnert an das alte Fischerhude. Nahe der Ortsmitte schimmert rechts der Kirchturm durch das grüne Laub; da taucht links ein weißes Gebäude auf, dessen Zunftschild es als Gasthaus ausweist – Haus Berkelmann. Hinter dessen historischen Mauern warten gutbürgerliche Küche, zünftiges Bier und gediegene Weine auf die Gäste.

FAMILIE TIETJEN BITTET ZU TISCH

Voller Stolz führt mich Ingo Tietjen durch das Haus, dessen zahlreiche Gasträume jeweils eine andere Atmosphäre ausstrahlen. Gespeist wird im Kaminrestaurant oder blauen Zimmer. Für kleinere Gruppen, die unter sich sein wollen, bietet sich das Separee des gelben Zimmers an, das früher von Bremer Kaufleuten zu Vertragsverhandlungen genutzt wurde. Ein besonderer Reiz geht vom Eckhus Contor aus. Warenregale bis an die Decke, Schubladenschränke und eine Verkaufstheke verraten noch heute den ehemaligen Kolonialwarenladen, der sich in ein Bistro gewandelt hat. In die gemütliche Bauernkneipe kehren eher Raucher ein, weil sie hier ungestört ihrem Laster frönen können. Und an Sommertagen erwartet ein Biergarten die Gäste.

Tipp

GASTRONOMISCHE VIELFALT unter einem Dach: Bauernkneipe, Kaminrestaurant, Kaufmannsseparee, Eckhus Contor und Biergarten – für jeden, wie es ihm beliebt.

Die Vielfalt der Räume spiegelt die Geschichte des Anwesens wider. Das Bauernhaus, das den Mitteltrakt bildet, steht seit mehr als 200 Jahren. Es vereinte bereits damals Bäckerei und Gastwirtschaft. 1902 folgte die erste Erweiterung – ein Gemischtwarenladen. In den 1920er-Jahren wurde der Clubraumtrakt angebaut, der auf die Künstler der Umgebung eine große Anziehungskraft ausübte. Seit jeher gehört die Scheune zum Gebäudekomplex, die heute eine Galerie beherbergt.

BUMMELN DURCH DEN ORT ODER AM UFER DER WÜMME UND DANN HIER EINKEHREN.

Die Fischerhuder und ihre Gäste kommen gern ins Haus Berkelmann – genießen am Mittagstisch Rouladen, Wildbraten oder Limande Finkenwerder Art, von Anneliese Tietjen schmackhaft zubereitet, lassen sich nachmittags Kaffee und Kuchen schmecken, oder klönen abends miteinander bei Bier oder Wein.

HEIMATHAUS IRMINTRAUT /// KIRCHSTRASSE 1 /// 28870 FISCHERHUDE ///
0 42 93 / 71 86 /// WWW.FISCHERHUDE.COM/HEIMATHAUS-IRMINTRAUT.HTM ///

Wann ging in den vorigen Jahrhunderten ein Bauer aufs Altenteil? Wenn seine Kräfte nachließen? Wann übernahm der erbberechtigte Sohn den Hof? Mit dem Tod des Vaters? Konnte der Bauer den Generationswechsel überhaupt frei festlegen? Nein! Jedenfalls nicht in Fischerhude; hier beerbte der älteste Sohn mit seiner eigenen Hochzeit den Vater. So überliefert es ein Ehe- und Hofübergabevertrag von 1842 im Haus Irmintraut.

ALTBÄUERLICHES LEBEN IN FISCHERHUDE

Zentral gelegen ging Haus Irmintraut aus einem früheren bäuerlichen Anwesen mit Namen Grotittens hervor. Das Baujahr des Haupthauses ist nicht überliefert; es kann aber auf eine Zeit vor 1768 datiert werden. Der Hof liegt seit jeher an diesem Platz und gehörte zunächst der Familie Tietjen. Deren Ära endete 1923 mit dem Tod der kinderlosen Witwe Tibcke.

Tipp

Einer von den 18 alten Höfen in Fischerhude – einstmals als **HOF GROTITTENS** erbaut, später die Hausnummer 1 im Dorf und heute Heimathaus Irmintraut.

1933 kauften Hinrich und Gertrud Schloen das Haus, die einen Dorfmittelpunkt schaffen wollten, um ›Heimatsinn und Volkstumsbewusstsein‹ zu fördern. Seit 1984 führt eine Stiftung das Haus, das zu Beginn der 1990er-Jahre grundlegend saniert wurde und heute das ländliche Leben der vergangenen Jahrhunderte anschaulich präsentiert.

Das Haupthaus, die übrigen Gebäude auf dem Grundstück entstanden deutlich später, ist ein langgestrecktes niederdeutsches Hallenhaus. Es gliedert sich in Stall, Diele, Küche (Flett) und Wohnstätten. Der Stall beherbergte zu Blütezeiten der Familie Tietjen vier Pferde und 16 Rinder. Das Fachwerk besteht aus einer Zweiständerkonstruktion, bei der die Last des Dachs nicht auf den Mauern ruht, sondern auf zwei Reihen von Eichenständern in der Diele.

DORFMITTELPUNKT UND BAUERNHAUSMUSEUM MIT VERGANGENHEIT ZUM ANFASSEN.

Hinrich Schloen versetzte Haus Irmintraut, benannt nach seiner früh verstorbenen Tochter, nach dem Erwerb in den ursprünglichen Zustand zurück und bestückte es mit alten Möbeln und Einrichtungsgegenständen. Ein Blick in die Altenteilerstube oder ›Neue Dönz‹ (Gemach der Bauersleute) oder in die Mägdekammer nimmt die Besucher mit auf eine Zeitreise zurück in die Vergangenheit – zurück zu den Menschen im alten Fischerhude.

AUSKÜNFTE – FLECKEN OTTERSBERG /// GRÜNE STRASSE 24 ///
28870 OTTERSBERG /// 0 42 05 / 3 17 00 /// WWW.FISCHERHUDE.COM ///

Endlich wieder Samstag. Die Sonne lacht und ich steige ins Auto, fahre nach Norden. Gleich am Ortseingang von Fischerhude biege ich rechts ab, parke meinen Wagen und laufe einfach los. Mich zieht es oft hierher. Bereits nach wenigen Schritten fühle ich mich in meine Jugend zurückversetzt – erinnere mich an die Ausflüge in den Spreewald, dem Geflecht aus Wasserarmen meiner Heimat, der Niederlausitz.

SPREEWALD DES NORDENS

Die Wümme erreicht unterhalb Ottersberg eine sieben Kilometer breite Niederung. Das flache Tiefland verlangsamt die Strömung und die Weserflut staut das abfließende Wasser von der Mündung her; und so teilt sich das Flüsschen in 85 Arme. Inmitten dieses Labyrinths liegt Fischerhude auf einem sandigen Rücken. In früheren Jahrzehnten verwandelte das Winterhochwasser die Siedlung in eine Insel und im Sommer führten nur unbefestigte Straßen dorthin.

Aber der Wasserlauf bescherte den Anwohnern ein gedeihliches Auskommen. Ein Zeitzeuge schrieb 1877: ›Fischerhude, an und in der Wümme liegend, hat eine Capelle, guten Aalfang und viel Graß, daß es auch eine Heuscheune von den angräntzenden Ländereien genennt wird.‹ [8] Jedes Jahr gleich nach Pfingsten begann die Heuernte, die den Bauern mehr einbrachte, als sie selbst verfüttern konnten. Den Überschuss verkauften sie und deckten sich vom Erlös mit Getreide ein, das auf den feuchten Böden nicht gedieh. Daneben besaß jeder Bauer Anschluss an die Wasserarme und fing mit Aalwehren den begehrten Fisch, der die Kassen zusätzlich füllte. Als dritte Geldquelle diente den Wümme-Anwohnern die Entenjagd.

Tipp: Das Auto am Ortseingang abstellen, dem schattigen Wümmelauf folgen und nach der Ruhe des Spaziergangs den Trubel des **KÜNSTLERORTS** genießen.

IDYLL UNTER DUNKLEN ERLEN UND EICHEN, INMITTEN VERTRÄUMTER WASSERARME

Zahlreiche Künstler aus dem nahegelegenen Worpswede gewannen die Idylle aus Wasserläufen, hohen Holzbrücken und Entenhäuschen auf Stelzen lieb und siedelten sich hier an.

Ich erreiche das Ende des Dietrich-Speckmann-Wegs, überquere die Wümme und wende mich dorfeinwärts; möchte noch ein wenig den Trubel in den Kunstläden, Boutiquen, Cafés und Gassen genießen.

LANZ-BULLDOG-CLUB OYTEN-BACKSBERG E. V. /// BACKSBERG 1 ///
28876 OYTEN /// WWW.LANZ-BULLDOG-CLUB.DE ///

Die Landwirtschaft prägte seit jeher das Leben in und um Oyten. Maschinen, Fahrzeuge und Gebrauchsgegenstände vergangener Tage gewähren uns einen lebendigen Einblick in die bäuerliche Arbeit und das Alltagsleben jener Zeit. Der Lanz-Bulldog-Club öffnet ein solches Fenster in die Vergangenheit – die Mitglieder pflegen und hegen alte Schlepper und präsentieren sie der interessierten Bevölkerung.

HISTORISCHE KRAFTPAKETE AM BACKSBERG

Eines dieser Prachtstücke ist der Schlepper VER–UC 65, gebaut 1952. Den hatte Johann Esselmann von seinem ersten Gesellengehalt für 800 D-Mark gekauft, weil der damalige Schlepper seines Vaters ob des Maschinengewichts ständig in den moorigen Wümmewiesen einsackte. Und so hatte der Junior die leichtere Maschine angeschafft, die mühelos alle Arbeiten verrichtete. Heute pflegt der Enkel das gute Stück und präsentiert es auf den Oldtimer-Treffen des Clubs.

Diese Veranstaltung, bei der sich Gleichgesinnte aus ganz Norddeutschland einfinden, um zu fachsimpeln und zu feiern, geht ebenfalls auf Johann Esselmann zurück. 1975 war in der Scheune eines Rotenburger Landwirts ein 52 Jahre alter Lanz aufgestöbert worden. Das Ding sollte aufpoliert und als Attraktion auf einer Landmaschinenausstellung präsentiert werden. Der anerkannte Fachmann Johann Esselmann bekam den Auftrag, den Oldie mit Pinsel und Farbe aufzufrischen. Aber ihn packte der Ehrgeiz und zusammen mit seinem Gesellen überholte er Einspritzpumpe und Kraftstoffanlage, setzte neue Kugelventile ein, wärmte den Glühkopf mit einem Schweißapparat vor und warf den Motor an – tuckernd lief der Schlepper über den Hof. Aus Freude über den gelungenen Coup organisierte Johann Esselmann noch im September 1975 eine Oldtimer-Parade. Schwarzen Qualm ausstoßend tuckerten mehrere Vorkriegsmodelle an den staunenden Besuchern vorbei.

Zwei Jahre später gründeten 20 Liebhaber der alten Schlepper den Club und wiederholen seither ihre Treffen.

Tipp: In jedem ungeraden Jahr veranstaltet der **LANZ-BULLDOG-CLUB** aus Oyten zu Pfingsten ein Oldtimertreffen für Schlepper und Landtechnik.

OYTENER OLDTIMERTREFFEN – EIN MUSS FÜR ALLE FREUNDE ALTER LANDTECHNIK.

GEMEINDE OYTEN /// HAUPTSTRASSE 55 /// 28876 OYTEN ///
0 42 07 / 9 14 00 /// WWW.OYTEN.DE ///

Winter und Tod – zwei unzertrennliche Brüder? Der Gedanke drängt sich auf, doch im Dezember feiern die Christen die Geburt ihres Heilands. Aber Mutter Natur kümmern die Feste der Menschen wenig – im Winter entscheidet sie den Kampf zwischen schwach und stark, zwischen krank und gesund, zwischen gebrechlich und überlebensfähig. Mit Schnee und Kälte trifft sie ihre unbarmherzige Wahl.

WINTER UND TOD

Aber bei uns Menschen doch nicht – uns Menschen raffen Hitze, Staub und Sonnenglut im Sommer dahin. Und Winter? Winter in Mitteleuropa? Gibt's nicht mehr! Die globale Erwärmung beschert uns neue Plagen – nasskalte Dezemberwochen, verregnete Januarnächte und stürmische Februartage. Frost und Schnee gestehen wir höchstens noch Skandinavien oder Sibirien oder Grönland zu.

Tipp

Suchen Sie nach Plätzen der Ruhe und Einkehr. Mir bietet der **FRIEDHOF IN OYTEN** von Zeit zu Zeit die Gelegenheit, den Alltagsstress zu vergessen.

Doch die Experten irren. Als hätte die Natur über Jahre Kraft sammeln und die Menschen einlullen wollen, kehren weiße Landschaften, Schneeverwehungen und Eiseskälte zurück – und mit ihnen kommt das Chaos. Menschen stranden auf Flughäfen, ICEs schleichen mit Tempolimits durchs Land, Regionalzüge bleiben auf offener Strecke liegen; stundenlange Verspätungen bescheren den Reisenden frustrierende Nächte auf Bahnsteigen und in Terminals. Den Autofahrern ergeht's kaum besser – ob in Nord und Süd, in Ost und West, überall blockieren quergestellte Laster die Straßen und Autobahnen.

Warum erleben wir heute nur dieses Chaos überall? In meiner Kindheit rodelten wir, liefen auf zugefrorenen Seen Schlittschuh und brausten die Hänge mit Skiern herunter. An Chaos erinnere ich mich nicht. Was haben die Erwachsenen damals anders gemacht? Die Antwort ist ganz einfach: Sie plagte weniger die Ruhelosigkeit – sie traten auch mal auf die Bremse.

HAST UND STRESS HINTER SICH LASSEN – BEWUSST EINE PAUSE EINLEGEN.

Der Winter als mahnender Geist – macht langsamer und sammelt Kraft? Auch wenn es so scheinen mag, für das Innehalten bedarf es keines Winters. Orte der Ruhe und des Gedenkens finden sich überall, zu jeder Jahreszeit.

GEMEINDE OYTEN /// HAUPTSTRASSE 55 /// 28876 OYTEN ///
0 42 07 / 9 14 00 /// WWW.OYTEN.DE ///

Dem Betrachter scheint sich der Anblick eines historischen Angers zu bieten – Dorfteich mit Federvieh, eine parkähnliche Grünfläche und als Mittelpunkt das Rathaus. Bei schönem Wetter finden sich hier Spaziergänger ein, verweilen auf den Bänken und plaudern; führen ihre Hunde aus oder beobachten die Wasservögel und füttern diese sogar – ungeachtet des Verbots. Eine wirklich ländliche Idylle.

VOM BAUERNDORF ZUR MODERNEN WOHNGEMEINDE

Doch der Schein trügt – Oyten musste vor Jahrzehnten seinen historischen Dorfmittelpunkt aufgeben, der heute nicht einmal mehr ansatzweise erkennbar ist. Einige hundert Meter entfernt entstand zu Beginn der 1980er-Jahre der große Klinkerbau als neues Rathaus mit Verwaltungstrakt, Bürgersaal und Gemeindebücherei. Umgeben vom Park samt See und das Heimathaus nebenan, entstand so ein wahres Gemeindezentrum.

Tipp

Oyten kennt man – ›Ist doch die letzte Ausfahrt der A 1 vor dem **BREMER KREUZ**‹ erinnern sich viele. Fahren Sie einmal ab und besuchen uns. Es lohnt sich!

Als Hauptmotor der Veränderungen erweist sich immer mehr die Randlage Oytens zur Großstadt Bremen. Um 1900 bestimmten ausschließlich Bauernhöfe das Gesicht des Dorfes. Heute leben nicht einmal fünf Prozent der Bevölkerung von der Landwirtschaft. Viele Einwohner fahren nach Bremen, Achim, Verden oder in die Oytener Industriebetriebe zur Arbeit und wohnen nur noch in einem der modernen Neubaugebiete. Nicht zuletzt fordern die beiden Einkaufszentren Dodenhof und Weserpark in unmittelbarer Nähe ihren Tribut: Abgesehen von einigen alteingesessenen Geschäften wechseln die Läden in der ›Einkaufsmeile‹ immer mal wieder Besitzer, Gesicht und Angebot.

EINE MODERNE GEMEINDE AM RANDE DER GROSSSTADT LÄDT ZUM VERWEILEN EIN.

An die dörfliche Struktur erinnern heute nur noch einige Fachwerkhäuser, hauptsächlich in der Dorfstraße. Im 18. Jahrhundert lagen die am Ortsrand und wurden sogar von Wölfen heimgesucht. Oma Köster wusste zu berichten: ›Een Wulf is darbi an'e Siet von't Huus in'n Soot rinfullen un is dar ok nich wedder rutkamen. Dat Spektakel un dat Gehuul, wat de von sik geven hett, is noch wiet un breet to hören wesen un hett de annern in'e Flucht jaagd‹ [9]

AM STEENDAMM HOTEL & LANDGASTHAUS /// OYTERDAMM 29 ///
28876 OYTEN /// 0 42 07 / 9 17 00 /// WWW.STEENDAMM.DE ///

Einen Kilometer von der A 27 entfernt, direkt auf dem Weg nach Oyten hinein, liegt linkerhand das gemütliche Landgasthaus. Bequemer geht's nicht. Zu Beginn der 1990er-Jahre im Stil eines Bauernhofes errichtet, passt sich der Restaurant-Hotel-Betrieb harmonisch in die Umgebung von Wiesen und Feldern und Bäumen ein. Und diesem Konzept der ländlichen Ausgewogenheit folgt Tim Heitmann auch in seiner Küche.

ESSEN WIE BEI MUTTERN – FRISCH UND BEKÖMMLICH

Geprägt haben den Koch aus Leidenschaft seine Wanderjahre am Kaiserstuhl und im Markgräflerland. Die leichte Küche des Südens mit schmackhaftem Gemüse und feinen Soßen hat es ihm angetan. Bei aller Leidenschaft weiß er aber auch, was seine Gäste von einem Landgasthaus im Norden Deutschlands erwarten: Deftiges aus Topf und Pfanne finden sich ebenso auf der Karte wie Gutes aus Omas Kochbuch, das Tim Heitmann gern neu interpretiert. Selbst wer nach exotischen Gerichten verlangt, findet Am Steendamm das Richtige.

Tipp

Das **LANDGASTHAUS** erwartet seine Gäste Sonntag bis Donnerstag; für Gesellschaften bis zu 40 Personen gern auch zu anderen Zeiten.

Egal welcher Geschmacksrichtung der Gast folgt, ihm wird stets Frische aus der Region serviert. Tim Heitmann bezieht seine Produkte bewusst von den Bauernhöfen der engeren Umgebung – Eier und Milchprodukte; saisonales Gemüse und Kartoffeln; fangfrischen Fisch und Wild, das zu Lebzeiten über die Felder hinterm Haus sprang.

Genießen Sie auch gern eine Portion Shrimps? Nein, nicht die Importware aus Asien, die ungeachtet des Flugzeugtransports vier bis sechs Tage unterwegs ist, bevor sie auf den Teller kommt. Die tropischen Großgarnelen, die Tim Heitmann anbietet, stammen aus Niedersachsen. Am Vortag gefangen und blitzgefrostet, gelangen die Marella-Shrimps lediglich über 50 Kilometer nach Oyten – frischer geht's nicht. Überdies leben die Tiere frei von Medikamenten und stehen unter der wachsamen Aufsicht der Tierärztlichen Hochschule Hannover.

RUSTIKAL; ABER AUCH SEHR FEIN, SCHAUEN SIE DOCH MAL REIN.

Überzeugen Sie sich selbst, dass es kaum schmackhaftere Shrimps gibt – zumal die Gewürze aus dem restauranteigenen Garten hinterm Haus kommen.

OYTER SEE /// 28876 OYTEN /// 0 42 07 / 9 14 00 /// WWW.OYTEN.DE ///

Der Oyter See liegt beschaulich inmitten eines geschlossenen Waldgebiets südöstlich von Bremen. Nicht nur Wassernixen und Badefreunde, Familien und Kinder, Camper und Bootsbesitzer finden hier Spaß und Entspannung. Bei jedem Wetter, zu jeder Jahreszeit, von morgens bis abends, drehen vor allem Spaziergänger, Jogger und Walker ihre Runden auf dem drei Kilometer langen Uferweg rund um den See.

NAHERHOLUNG UNWEIT DES BREMER KREUZES

Seine Geburtsstunde erlebte der Oyter See in den 60er-Jahren. Die Autobahnen A 1 und A 27 wurden nach Westen und Süden verlängert, das Bremer Kreuz entstand. Den notwendigen Kies gewann man direkt vor Ort – einen Steinwurf neben den beiden Fernstraßen. Noch während die Bagger das Baumaterial förderten, füllte sich die Grube mit Wasser und die Menschen, große wie kleine, nahmen das Gelände in Besitz. Illegal zunächst – aber unaufhaltsam. Die Behörden erbosten sich ob der undisziplinierten Bürger, sperrten das Gelände ab und drohten Strafen an. Doch die Hartnäckigkeit der Leute kannte kein Nachgeben – sie zogen mit Kind und Kegel, mit Zelt und Wohnwagen an den See.

Tipp

Der **OYTER SEE** – ein Refugium für Badefreunde, Camper und Sportler. Umgeben von einem geschlossenen Waldgebiet bietet der See Freizeitvergnügen aller Art.

Und heute? Heute haben sich Obrigkeit und Bevölkerung arrangiert und ein Naherholungsgebiet mit allen erdenklichen Annehmlichkeiten geschaffen.

Selten erlebt man den See, wie ich ihn am liebsten mag, im Morgendunst: Nebelschwaden wabern wolkenleicht auf der Wasserfläche, die Bäume drängen wie dunkle Riesen ans Ufer und der Weg huscht einer Schlange gleich ins milchige Nirgendwo. Die beste Kulisse für einen Thriller: ›Aus dem Wald erklangen vereinzelt Vogelstimmen und in der Luft hing der Geruch von feuchter Erde. Auf dem Wasser und dem angrenzenden Strand breitete sich ein Seidentuch über der Dämmerung aus. Unweit der Uferlinie tauchte ein dunkler Schatten aus dem Nebel. Der Fremde lief direkt auf Christian zu. Die Verfolgerin orientierte sich, schlug einen Haken und lief hinter einer Palisade aus Sträuchern näher an die beiden Gestalten heran.‹ [10]

DAS NATURSCHUTZGEBIET LÄDT JUNG UND ALT EIN, UM ENTSPANNUNG ZU FINDEN.

TOURIST-INFORMATION /// OBERNSTRASSE 38 /// 28832 ACHIM ///
0 42 02 / 29 49 /// WWW.ACHIM-TOURISMUS.DE ///

Von Besuchern kaum wahrgenommen, steht im Lesegarten der Stadtbibliothek die mannshohe Skulptur ›Der Vorleser‹ – 1994 von Helma Poschpiech geschaffen. Wie aufregend, werden Sie sagen, eine Plastik über einen Vorleser neben der Bücherei. Aber der Schein trügt – das Denkmal ist keineswegs den emsigen Besuchern der Stadtbibliothek gewidmet, es erinnert an Achims Epoche als Zigarrenmacher-Stadt.

›DER VORLESER‹

Der 1. Januar 1854 brachte der Weserniederung eine wirtschaftliche Umwälzung. Im Gegensatz zur Freien Hansestadt Bremen trat das umliegende Königreich Hannover dem Zollverein bei. Die jetzt nur in Bremen erhobenen Abgaben verteuerten die dort hergestellten Tabakerzeugnisse. Was taten die Zigarrenfabrikanten? Sie reagierten wie heutige Unternehmer, sie verlegten ihre Fabriken in das hannoversche Ausland. Als erste Adresse kam da das nahe gelegene Achim in Frage – zumal die Stadt seit 1847 einen Haltepunkt an der Bahnstrecke Bremen-Hannover besaß.

Tipp

Neben der Skulptur ›Der Vorleser‹ erinnern noch ein zweites Denkmal und eine **ZIGARRENMACHERSTUBE** im Rathaus an die Zeiten des Tabaks in der Stadt.

Mit der Zigarrenproduktion zog auch der Beruf des Vorlesers in Achim ein. Eigentlich war es kein besonderer Beruf, sondern einer aus den Reihen der Zigarrenmacher stellte sich während des langen Arbeitstages an ein Pult und las den Kollegen vor. Seine Entlohnung zahlten die Arbeiter aus eigener Tasche – in gleicher Höhe wie sie selbst bekamen. Die Bandbreite der Lektüre reichte von Tageszeitungen über politische Schriften bis zu Jules Verne, Nietzsche und selbst Shakespeare. Dieser tägliche Lesestoff vermittelte den Zigarrenmachern einen höheren Bildungsgrad als ihren Kollegen in all den anderen Industriebereichen. So mag es nicht wundern, dass sie die erste überregionale Gewerkschaftsorganisation in Deutschland gründeten. Im Dezember 1865 entstand der ›Allgemeine Deutsche Cigarrenarbeiterverein‹, ein Vorläufer der heutigen Gewerkschaft Nahrung-Genuss-Gaststätten.

INTERESSANTE GESCHICHTE NICHT NUR FÜR FREUNDE EINER GEPFLEGTEN ZIGARRE

Welch interessante Geschichte eine zunächst falsch verstandene Skulptur doch erzählen kann.

BOOTSHAUS **** HOTEL, RESTAURANT, CAFÉ /// UESENER WESERSTRASSE 17 ///
28832 ACHIM /// 0 42 02 / 5 19 80 /// WWW.HOTEL-BOOTSHAUS.DE ///

Urlaub mit dem maritimen Flair eines Jachthafens erleben – wahrlich attraktiv. Allerdings für die meisten nur ein Wunschtraum – solch eine Jacht kostet eine Stange Geld; viele besitzen keinen Bootsführerschein oder können gar nicht segeln; oder werden seekrank, wenn das stolze Schiff nur den Hafen verlässt. Das Bootshaus in Achim bietet Ihnen die Atmosphäre einer Marina, ohne all die Widrigkeiten.

GASTLICHKEIT AN DER WESER

Egal ob Sie auf einen Kaffee vorbeikommen, eine Feier besuchen, übers Wochenende ein Zimmer reservieren oder gar einen Urlaub genießen – der Zauber des Jachthafens wird Sie gefangen nehmen und die behagliche Gastlichkeit des Bootshauses Sie in ihren Bann ziehen. Förmlich in jedem Raum spüren Sie den Elan der Inhaber – Jens und Jan Lampe.

Tipp

Behagliches Restaurant und wohnliches Hotel, hautnah zu einer Marina an der Weser gelegen, laden zum Verweilen ein – **VIER-STERNE-BOOTSHAUS** in Achim.

»Warum kaufen zwei junge Männer, noch nicht einmal 30, solch einen Betrieb mit seinen vielschichtigen Herausforderungen?«, frage ich Jan, den jüngeren der Brüder, der mir auf der Terrasse bei einem Kaffee gegenübersitzt.

Jens habe den Anstoß gegeben. Schon als Sous-Chef eines renommierten Bremer Hotels habe der ausgebildete Koch sich selbstständig machen wollen. Aber nur mit dem Bruder zusammen. »Unsere Eltern unterstützten uns von Anfang an«, fährt Jan fort. Und so sei die Familie auf die Suche gegangen – bis an die Ostsee. Dort hätten sie auch ein passendes Objekt gefunden, das ihnen aber ein Hamburger Wurstfabrikant vor der Nase weggeschnappt habe. Mitten in die Enttäuschung hinein sei die Mutter auf den entscheidenden Hinweis gestoßen. In ihrer Bridge-Runde machte die Neuigkeit die Runde, das Bootshaus stehe zum Verkauf. Nach einer ersten verdeckten Erkundungstour – Familie Lampe kehrte diskret zum sonntäglichen Kaffee ein – sei alles ganz schnell gegangen.

EINE DER ERSTEN ADRESSEN, WENN'S UM MARITIME GASTLICHKEIT GEHT.

Jens und Jan haben ihre Entscheidung für das Bootshaus wohl nie bereut, spüre ich ganz deutlich und mit mir augenscheinlich auch die anderen Gäste, die die Terrasse an diesem Juli-Nachmittag besuchen.

TOURIST-INFORMATION /// OBERNSTRASSE 38 /// 28832 ACHIM ///
0 42 02 / 29 49 /// WWW.ACHIM-TOURISMUS.DE ///

Ein paar Weinstöcke auf dem Hang und man würde sich an Mosel oder Neckar versetzt fühlen. Der abrupt abfallende Hang verleiht dem Weserufer hier in Achim einen besonderen Reiz. Und gegenüber der Strand mit feinkörnigem Sand, der jedem Ostseebad zur Ehre gereichen würde, vervollkommnet das kleine Paradies. Der entspannende Blick auf den Fluss und hinüber zu den Häusern ersetzt so manchen Urlaubstag in der Ferne.

›ORT AM WASSER‹

Jedes Mal, wenn ich hier sitze und ins Wasser schaue, kommt mir die kleine Episode in den Sinn, die sich beinahe auf jeder Dienstreise wiederholt. »In welchem Ort liegt Ihr Unternehmen?«, fragt mich die nette Dame an der Rezeption. »28832 Achim«, antworte ich. Meist hebt sich dann der Kopf der Dame und sie lächelt mich an. »Oh! Wie der Vorname? Ich wusste gar nicht, dass es Achim auch als Stadt gibt.«

Tipp: Nach dem Besuch der **FUSSGÄNGERZONE** im Zentrum Achims geht's hinaus an die Weser. Per pedes oder per Rad lässt sich das Ufer trefflich erkunden.

Ich nicke stets, um die Anmeldeprozedur nicht unnötig auszudehnen. Der Städtename Achim leitet sich keineswegs von dem männlichen Vornamen ab sondern von der Übersetzung ›Ort am Wasser‹, was wahrlich zutrifft – der Fluss begleitet die Stadt über deren gesamte Länge.

Die Achimer erzählen sich und ihren Gästen noch eine andere nette Anekdote zur Herkunft des Städtenamens: Ein sächsischer Adliger war von den Häschern Karls des Großen gejagt und in den Dünen am Weserufer tödlich verletzt worden. »Ach, im Sande muss ich sterben«, hatte er ausrufen wollen, aber nur noch »Ach, im«, über die Lippen gebracht und damit dem Flecken seinen Namen gegeben.

NORDDEUTSCHES FLAIR MIT DEM CHARME EINER SÜDDEUTSCHEN FLUSSLANDSCHAFT

So kurz und flott wie ihr Name, so schick und anheimelnd gibt sich die Stadt Achim. Die zahlreichen Gewerbeparks an die Peripherie verbannt, lädt die Fußgängerzone im Zentrum zum Bummeln ein. Mittwochs und samstags herrscht hier besonders reges Treiben auf dem Wochenmarkt. Und am Sonntag zieht's die Achimer hinaus an die Weser – mit Kind und Kegel auf dem Drahtesel, um einen der zahlreichen Radwanderwege zu erkunden; oder eben am Weserhang zu verweilen.

WINDMÜHLE JAN WIND /// MÜHLENHOF 5 /// 27299 ETELSEN ///
WWW.DORFVEREIN-ETELSEN.DE ///

Am Beginn unseres Jahrhunderts blickten wir noch zu einer Windmühle auf wie zu einem technischen Wunderwerk. Und heute? Im Zeitalter der allgegenwärtigen Windräder? Heute schauen wir immer noch bewundernd zu den Zeitzeugen der Vergangenheit empor, die mit viel Liebe überall im Lande restauriert wurden. Eine Windmühle im weiß-schwarzen Kleid ist unter all den Schönheiten noch etwas Besonderes.

SCHÖNHEIT IN WEISS-SCHWARZ

Die Geschichte der Mühle Jan Wind begann mit einer Enttäuschung. 1862 beantragte der Etelser Bauer Rosebrock die Konzession für eine Kornwindmühle. Ihr Getreide mussten die Landwirte im beinahe fünf Kilometer entfernten Baden mahlen lassen. Der Weg sei zu weit und zu beschwerlich, argumentierte Rosebrock; insbesondere für die zahlreichen Anbauern (Neusiedler ohne eigene Nutzfläche), die ihr Korn auf dem Rücken transportierten. Der Badener Müller Kruse witterte Konkurrenz und reichte seinerseits ein Gesuch ein, eine zweite Mühle am Ortsrand von Baden, nahe Etelsen, zu errichten. Offensichtlich besaß er bessere Kontakte zur Obrigkeit – er erhielt die Genehmigung und Rosebrock ging leer aus.

Tipp

Eine Besichtigung von außen lohnt hier immer – da braucht es keine Öffnungszeiten. Wer dennoch mehr erleben will, wende sich an den **DORFVEREIN**.

Neun Jahre später änderten sich die Verhältnisse – das Deutsche Reich wurde gegründet und das Königreich Hannover kam unter preußische Herrschaft. Johann Christian Cordes aus Etelsen erhielt die Genehmigung und baute noch im selben Jahr seine Mühle. Über die Jahrzehnte erlebte sie manch Umbau; verfiel aber nach dem letzten Weltkrieg. 1993 erwarben dann engagierte Bürger den Galerieholländer und ließen ihn rekonstruieren. Den Namen trägt er nach dem letzten Müllermeister Johann Bischoff, der als Jan Wind bekannt war.

WINDMÜHLENFLÜGEL MITTEN IN DER GEMEINDE – JAN WIND IN ETELSEN

Heute bestimmen Mahlvorführungen, Ausstellungen und selbst Trauungen den Alltag der Riesin, die mit ihren 23 Metern Höhe alle Konkurrentinnen der Umgebung überragt. Selbstredend gehört das Prachtstück zur Niedersächsischen Mühlenstraße, die insgesamt zu 256 Mühlenstandorten in 17 Landkreisen führt.

SCHLOSS ERBHOF THEDINGHAUSEN /// BRAUNSCHWEIGER STRASSE 1 ///
27321 THEDINGHAUSEN /// 0 42 04 / 88 22 /// WWW.THEDINGHAUSEN.DE ///

Braunschweiger Straße 1. Die Zielflagge im Navi steckt gleich am Ortseingang. Die Silhouette der Häuser und Türme von Thedinghausen vor Augen, taucht kurz darauf am Straßenrand das Hinweisschild auf – ein bisschen unscheinbar, aber da links geht's rein. Ich folge dem schmalen Weg, schaue mich um und … Unglaublich! Rechts erstrahlt auf einmal der Erbhof in der Sonne wie ein Märchenschloss.

DES ERZBISCHOFS HOLDER GELIEBTEN SCHLOSS

Das Gelände des Erbhofs fasziniert mich – als Blickfang der Prachtbau aus der Zeit der Weserrenaissance, eingefasst in ein Karree aus stilvollen Flachbauten, die dem Anwesen den Charakter eines Herrensitzes geben. Die roten Blumen überall im Geviert schmücken die Anlage wie Lichtpunkte auf einem Schlossteich. Wer hat das schmucke Ensemble bauen lassen? Hinweistafeln am Eingang geben Auskunft.

Im Mai 1612 besuchte der Erzbischof Johann Friedrich den Flecken Thedinghausen. Die Räume der hiesigen Burg luden nicht gerade zu einer Übernachtung ein und so nahm der Kirchenfürst im Hause von Heinrich Kolehake Hermeling Quartier. Vom ersten Augenblick an bezauberte Gertrud, die Ehefrau des Gastgebers, den Erzbischof mit ihrer Anmut. Er fühlte sich magisch von ihr angezogen. Ein Jahr später ließ sich der Kirchenfürst den Hof schenken und ernannte im Gegenzug dessen Eigentümer, den Ehemann seiner Geliebten, zum Drosten. 1614 verstarb der und nun stand der Liebe zwischen der jungen Witwe und dem Erzbischof nichts mehr im Wege. 1619/1621 ließ er eine Residenz auf dem Erbhof errichten, die gleichzeitig seiner Geliebten als Wohnung dienen sollte. Während der Bauarbeiten starb Gertrud im März 1620 unerwartet; dennoch vollendete der Erzbischof den Bau in leicht geänderter Form – so wie die Anlage sich uns heute präsentiert.

Tipp

Die Geschichte des **ERBHOFS** und das Alltagsleben vergangener Generationen können Sie in den Ausstellungsräumen des Heimatvereins auf dem Gelände erkunden.

EINE PERLE DER WESERRENAISSANCE MIT INTERESSANTER VERGANGENHEIT

Ich werde wiederkommen. Aber bevor ich in mein Auto steige, bummel' ich noch durch den Baumpark gleich nebenan. Auf elf Hektar beheimatet das Areal weit über 300 Arten und Sorten von Laubbäumen.

PINGELHEINI – BAHNHOF THEDINGHAUSEN /// BAHNHOFSTRASSE ///
27321 THEDINGHAUSEN /// 0 42 04 / 88 22 /// WWW.PINGELHEINI.DE ///

Pingelheini? Was ist das denn für ein Name? Klingt ja beinahe wie Pinkelheini. Das mag wohl sein, aber Pingelheini könnte aus der Giftküche einer teuren Werbeagentur stammen – der Name ist erfolgreich. Eigentlich steht er nur für die Züge des Kleinbahn Leeste e. V.. Medien und Bevölkerung sprechen aber grundsätzlich vom Pingelheini, wenn es um die Eisenbahnverbindung Bremen-Thedinghausen geht.

PINGELINGELING

Woher kommt nun der Name, den der Verein um das Jahr 2000 herum offiziell einführte? In jeder Ortschaft, an jeder Gefahrenstelle, vor jedem Bahnübergang muss die Lok ein akustisches Signal geben – Läuten. Der norddeutsche Volksmund machte daraus ›Pingeln‹ und nannte den Zug Pingelheini.

Selbstredend befördert das Personal seine Gäste ehrenamtlich. Von den rund 20 aktiven Vereinsmitgliedern verdient keiner seine Brötchen bei einem Bahnunternehmen. Alle haben sich in ihrer Freizeit qualifiziert und die notwendigen Berechtigungen erworben. Der Kleinbahn Leeste e. V. ging 1989 aus dem Zusammenschluss eines Bremer Vorgängervereins ohne eigenes Fahrzeug, und einigen Oldenburger Studenten samt ihrem Triebwagen hervor. Nach der Vereinigung sollte es auch gleich losgehen, aber das ausgebildete Personal fehlte. Also verpflichtete einer der Gründerväter alle greifbaren Bekannten für den ersten Fahrtag, der allerdings gleich eine folgenschwere Verspätung mit sich brachte.

Tipp

Regelmäßige Bahntouren von Bremen nach **THEDINGHAUSEN** (im Sommer, an einem Sonntag pro Monat) und Sonderfahrten zu Volksfesten – Fahrpläne im Internet.

Während einer Pause verschwand ein Pärchen in der Botanik. Just an diesem Tag hatten sie sich erst kennengelernt. Die Abfahrtszeit rückte heran, aber die beiden blieben verschollen. Alle suchten nach ihnen. Selbst die Fahrgäste bemerkten das Malheur. Mit 13 Minuten Verspätung konnte es endlich losgehen – die Vermissten waren wieder aufgetaucht. Ob ihrer unzureichend hergerichteten Kleidung hatten sie am Zug ein großes Hallo ausgelöst. Offensichtlich brachte die Zahl 13 ihnen Glück – ihre Ehe hält bis heute und brachte drei Kinder hervor.

MIT DEM PINGELHEINI UNTERWEGS – KLEINBAHNERLEBNIS FÜR DIE GANZE FAMILIE

FÄHRVEREIN HAGEN-GRINDEN / AHSEN-OETZEN E. V. /// GRINDEN ///
27299 LANGWEDEL /// 0 42 35 / 6 95 /// WWW.FAEHRVEREIN.DE ///

Kaum tauche ich auf dem Wall des Weserdeichs auf, da gehen am jenseitigen Ufer zwei Männer zur Fähre, machen die Leinen los, legen ab und kommen herüber. Fünf Minuten später sitze ich an Bord der Gentsiet und plaudere mit den beiden Fährleuten. Das Ehrenamt macht ihnen viel Spaß und sie nehmen es ernst – queren die Weser auch dann, wenn nur ein einziger Fußgänger oder Radler übersetzen möchte.

FÄHRMANN, HOL ÜBER

Mich macht die Begeisterung der beiden Männer neugierig. Bereitwillig erzählen sie von ihrem Verein, der nach Jahren der Unterbrechung die Fährverbindung an historischer Stelle wiederbeleben konnte.

Zu Beginn des 19. Jahrhunderts hatte die Bevölkerung des linksseitigen Weserufers weitestgehend alle Bäume gerodet und es fehlte an Brennmaterial. Auf der anderen Seite des Flusses war bereits ab 1792 das Hellweger Moor besiedelt und kultiviert worden, um Torf abzubauen. 1816 gab der Moorkommissar den ersten Anstoß für eine Fährverbindung zwischen Grinden und Ahsen. Nach langjährigen Querelen, hauptsächlich stritt man über die Zuwegungen zur Fährstelle, eröffnete schließlich 1823 eine Fähre den Betrieb, der bis 1959 andauerte. Bei Bedarf verkehrte anschließend nur noch ein Ruderboot, das hauptsächlich Gottesdienstbesucher beförderte. Mit dem Neubau der Kirche in Etelsen endete 1965 auch diese Verbindung.

Tipp

Vom 1. Mai bis zum 3. Oktober verkehrt die **FÄHRE** an allen Wochenenden und Feiertagen. Nach Absprache sind auch Sonderfahrten unter der Woche möglich.

»Und wann ging's weiter?«, frage ich den Fastmaker, der neben mir auf der Bank sitzt.

Im September 2001 gründete sich der Verein. Mit viel Enthusiasmus, Geld und Durchhaltevermögen schafften es die Mitglieder, 2004 ihr eigenes Schiff in Dienst zu stellen. Seither befördern die 28 Fährführer und 16 Fastmaker jedes Jahr bis zu 9.000 Gäste. Für das Tourismuskonzept der Region Mittelweser ist die Gentsiet unentbehrlich geworden – viele Radwanderwege führen an dieser Stelle über den Fluss.

RADWANDERER IM GEBIET DER MITTLEREN WESER KENNEN DIE IDYLLISCHE FÄHRE.

Wir erreichen die Anlegestelle und ich muss mich schnell verabschieden. Am jenseitigen Ufer warten zwölf Radler.

TOURIST-INFORMATION /// GROSSE STRASSE 40 /// 27283 VERDEN ///
0 42 31 / 1 23 45 /// WWW.VERDEN.DE ///

Wo steckt bloß dieser Steinerne Mann? Ratlos stehe ich an der Westseite des Doms vor dem Haupteingang, der fest verschlossen ist. Auf der Marktseite soll's reingehen, steht da. »Kommst du nach Verden«, hatten meine Freunde gesagt, »musst du den Steinernen Mann sehen. Und besorg dir ein Wanderbuch, damit sie dir den Besuch bestätigen.« Das Wanderbuch hab ich, aber wo steckt der Steinerne Mann?

STEINERNE ERMAHNUNG ZUR REDLICHKEIT

Ich umrunde den Dom und blicke immer wieder beeindruckt nach oben. Wie klein man sich doch neben diesem Gotteshaus vorkommt? Schließlich finde ich den Eingang. Ich betrete einen Kreuzgang und entdecke auch gleich ein Schildchen, das mir den Weg weist. Schon stehe ich im Innenhof, aber vom Steinernen Mann fehlt jede Spur. Ein Herr kommt lächelnd auf mich zu, deutet erst auf mein Wanderbuch und dann in die Höhe zum Dach des Doms. »Da oben.« Ich schaue hinauf und entdecke die Figur, die da mit finsterem Gesicht auf mich herabschaut. Beine und Unterleib eingemauert, die Hände in die Ziegel verkrallt, den Mund zum Schreien aufgerissen.

Tipp

Wanderbuch im Tourismusbüro besorgen; ab zum Dom; Steinernen Mann finden; Besuch bestätigen lassen – wie ein Handwerksgeselle auf **WANDERSCHAFT.**

Ich lese in meinem Wanderbuch nach, was es mit dem Steinernen Mann auf sich hat. Ein Küster des Doms soll in grauen Vorzeiten Kirchengelder veruntreut haben. Als er vor dem Bischof Rechenschaft ablegen musste, verschwor der Küster sich des Teufels – der mag ihn holen, wenn er solch Frevel auf sich geladen habe. Da erschien der Leibhaftige, packte den Küster und fuhr mit ihm durch die Mauer hinaus. Das Opfer blieb stecken und erstarrte zu Stein.

Der Brauch, sich den Besuch hier am Dom bestätigen zu lassen, stammt von den Handwerksgesellen vergangener Jahrhunderte. Kaum in Verden angekommen, führte sie der Obergeselle zum Dom und erzählte, dass der Kerl da oben am Dach ein Dieb gewesen, erwischt und zu Stein geworden sei. Nach dieser anschaulichen Belehrung zur Redlichkeit erhielt der Wandergeselle den entsprechenden Sichtvermerk in seinem Wanderbuch.

VOM AUSRANGIERTEN WASSERSPEIER ZUM TUGENDWÄCHTER AM DOM ZU VERDEN

RATHAUS VERDEN /// GROSSE STRASSE 40 /// 27283 VERDEN ///
0 42 31 / 1 20 /// WWW.VERDEN.DE ///

Wohl der Stadt, die solch ein Kleinod von Rathaus ihr Eigen nennen darf. Das strahlende Gelb der Fassade wetteifert mit der Morgensonne um die Gunst der vorübergehenden Passanten. Und hoch oben thront der weiße Turm, der schon von weither die Besucher willkommen heißt. So selbstverständlich, wie das Ensemble heute die Stadt zieren mag, erbaut wurde es nur dank der Verschlagenheit der Verdener Bürger.

DER SCHWARZBAU AUS DEM 18. JAHRHUNDERT

Die Geschichte beginnt 1728. In jenem Jahr berichtete ein Baumeister über den Zustand des alten Rathauses: ›Der Thurm ist in der gestalt, daß es alles auß den Merkler henget [nicht mehr lotrecht]; Stern und Stender ist alles verfaulet, daß die nachbaren bey geringsten winde sich nicht betrauen vor die Thür zu treten, und den größten Schaden sich befürchten müßten.‹ [11]

Tipp

Bis 1992 aufwändig restauriert, ist das **RATHAUS** heute ein Anziehungspunkt für Touristen und Besucher der Stadt – seit 1875 allerdings ohne Ratskeller.

Magistrat und Bürgerälteste nahmen die Mahnung ernst und begannen umgehend mit Vorbereitungen für einen Neubau. Zuerst wurde Material beschafft. Bauholz musste über die Aller von auswärts herangeschafft werden. Ohne Argwohn beantragten die Verdener bei der Kammer in Hannover einen ›Abflößungspaß‹, um das Bauholz ohne Zoll transportieren zu können. Die königlichen Beamten wunderte der Antrag und so fragten sie in der Landdrostei in Stade nach, ob der Rathausbau genehmigt sei. Daraufhin forderte die Verwaltung einen Bericht aus Verden an.

Zwischenzeitlich hatten hier die Abbrucharbeiten am 9.3.1729 begonnen. Durch die Anfrage aus Stade hellhörig geworden, schlug der Syndikus Werckmeister am 26. März vor, den Abriss gehörig zu beschleunigen. Gerade noch rechtzeitig, da vier Tage später die Anweisung aus Stade eintraf, alle Arbeiten einzustellen. Die Verdener reagierten hinhaltend und berichteten Anfang April, dass kaum mehr ein Stein auf dem anderen sitze und nunmehr eine Ruine das Zentrum verschandele. Die Landdrostei gab nach, genehmigte den Neubau nachträglich und ermahnte die Stadt, zukünftig vorher Konsens einzuholen.

STRAHLEND GELB-WEISSES KLEINOD IM STADTZENTRUM AN DER FUSSGÄNGERZONE

DEUTSCHES PFERDEMUSEUM /// HOLZMARKT 9 /// 27283 VERDEN (ALLER) ///
0 42 31 / 80 71 40 /// WWW.DPM-VERDEN.DE ///

Der Holzmarkt liegt im silbernen Mondlicht. Vom Dom her schlagen die Glocken Mitternacht – Geisterstunde. In der ehemaligen Kavalleriekaserne regt sich kein Laut. Mit dem letzten Glockenschlag fällt ein silberner Strahl durch eines der Fenster im Erdgeschoss und trifft den Kopf des winzigen Pferdchens. Die großen runden Augen, zum Leben erweckt, schauen irritiert umher, das Pferdchen blinzelt, dreht den Kopf nach links und rechts, schnauft einmal und springt vom Podest.

ENTDECKUNGSTOUR MIT ALLEN SINNEN

Unser Pferdchen blickt auf das Schild, das seinen Platz ziert: ›Urpferd – vor 55 Mio. Jahren‹. Weiter rechts stehen Artgenossen, größer und mit jüngeren Jahreszahlen auf ihren Tafeln. Mit mir hat alles angefangen?, überlegt unser kleiner Freund. Ich bin der Urvater aller Pferde? Ungläubig wagt sich das Pferdchen vor; schließlich treibt es die Neugier weiter – es trappelt umher und betrachtet all die interessanten Exponate.

Tipp: Für Pferdenarren und Tierfreunde ein Erlebnis: Das **DEUTSCHE PFERDEMUSEUM** in der ehemaligen Kavalleriekaserne; geöffnet Dienstag bis Sonntag.

Das Pferdchen erfährt von der schweren Arbeit seiner Artgenossen in den zurückliegenden Jahrhunderten und den Gefahren des Krieges. Aber heute haben es die Kameraden besser, dienen den Menschen als Reit- oder Fahrpferd, Freizeit- oder Sportpferd.

Ganz besonders interessieren unseren kleinen Freund die Mitmachstationen: Ein Simulator gestattet den Besuchern einen Spazierritt über die Verdener Rennbahn. Ein paar Meter weiter können sie auf einen Kutschbock steigen und selbst einmal die Leinen führen. Oder die Gäste probieren sich auf einem Damensattel.

VOM URPFERD BIS ZUM RENNBAHNSTAR – LEBENDIGE HIPPOLOGIE FÜR JEDERMANN.

Ob der vielen interessanten Exponate wird unser Pferdchen ganz müde. Was aus mir wohl geworden wäre, wenn ich heute leben würde, überlegt es auf dem Weg zurück an seinen Stammplatz. Es kann sich nicht entscheiden – eine jede Verwendung besitzt ihre Reize. Und so springt es wieder auf sein Podest. »Ich bleibe lieber der Urvater.« Kaum hat das Pferdchen die Worte ausgesprochen, da sendet der Mond einen zweiten Silberstrahl durchs Fenster und im Pferdemuseum kehrt wieder Ruhe ein.

NIEDERSACHSENHALLE /// LINDHOOPER STRASSE 92 /// 27283 VERDEN ///
0 42 31 / 6 73 30 /// WWW.HANNOVERANER.COM ///

»80 … 100.000 … 120 … 140!« Klar und deutlich kommen die Ansagen aus den Lautsprechern. Der Auktionator schaut in die Runde. Noch immer recken sich mehrere Hände nach oben. Zweimal jährlich führt der Hannoveraner Zuchtverband in der Niedersachsenhalle zu Verden seine Eliteauktion durch. Käufer aus der ganzen Welt kommen, um Spitzenpferde für Dressur und Springen mit nach Hause zu nehmen.

SPITZENPFERDE UNTERM HAMMER

»160 … 180 … 200.000!« Nach und nach sinkt ein Arm um den anderen. Unten im Auktionsring dreht ein edles Dressurpferd seine Runden. Der Reiter präsentiert abwechselnd die drei Grundgangarten, um Anlagen und Leistungsfähigkeit seines Schützlings unter dem Sattel zu beweisen. »220 … 240 … 260!« Noch immer ringen zwei Kaufinteressenten verbissen um das Pferd – die beste Voraussetzung für einen Spitzenpreis.

»280.000 … 300.000!« Immer wieder hält der Auktionator inne, zählt langsamer hoch, wartet auf das nächste Gebot. »320.000!« Er stockt. »320.000 zum Ersten … zum Zweiten …« Fordernd sieht er zu dem Herrn in der zweiten Reihe, doch dessen Arm bleibt unten. »320.000 zum Dritten.« Die siegreichen Bieter, ganz oben auf der Galerie, liegen sich in den Armen, einfach überglücklich, den Zuschlag für das Spitzenpferd bekommen zu haben.

Tipp

Pferde der Spitzenklasse finden hier ihre neuen Besitzer – im April und Oktober eines jeden Jahres in der **NIEDERSACHSENHALLE** in Verden.

HOCHKLASSIGE SPORTPFERDE, VIEL GELD UND EIN UNTERHALTSAMES WOCHENENDE

Die Auktion in Verden zählt zu den teuersten überhaupt. Lange vor dem Termin stellen sich an die 1.000 Vierbeiner gestrengen Richteraugen in einer Erstbesichtigung. Es folgen weitere Prüfungen, bis am Ende nur rund 85 Pferde in die Kollektion aufgenommen werden.

Die Versteigerungen finden stets vor vollbesetzten Rängen statt. Auch wenn ein Vierbeiner durchschnittlich um die 40.000 Euro kostet und nie unter 10.000 zu haben ist, lassen sich viele Pferdefreunde den Spaß nicht entgehen, rassige Warmblüter in Aktion zu erleben und anschließend mit Spannung dem Bieterwettstreit zu folgen. Ein buntes Rahmenprogramm sorgt an den Abenden für Entspannung und Abwechslung.

Bitte beachten Sie :
MAGIC PARK VERDEN /// HEIDEWEG 3 – 7 /// 27283 VERDEN ///
0 42 31 / 66 11 10 /// WWW.MAGICPARK-VERDEN.DE ///

»Nun kommt endlich!«, ruft die junge Frau ihrem Zwillingspärchen zu. »Die Show beginnt gleich.« »Nöh, Mama«, antwortet einer der Jungen und sprintet seinem Bruder zum Eingang des Magic Towers hinterher, um sich erneut anzustellen. Kurz darauf erkämpfen die beiden einen Platz und lassen sich rasant nach oben katapultieren, um Sekunden später in die Tiefe zu fallen – begleitet vom Jaulen und Juchzen der Kinder.

KINDERSPASS IM BANNE DER MAGIE

Der Anfang des Vergnügungsparks liegt 40 Jahre zurück – als Märchenpark Verden lockte er Kleine und Große hinaus in die Tütheide. Seither wuchs das Kinderparadies, wandelte sein Gesicht, aber die Wurzeln blieben bis heute erhalten: Inmitten dunkler Tannen erklingt eine wohlige Erzählstimme aus den Lautsprechern und lebensgroße bewegte Puppen in malerischen Kulissen lassen Märchen lebendig werden. Auf Hänsel und Gretel folgt Hase und Igel; Blumenwunder löst die Chinesische Nachtigall ab; danach gelangen die Kinder ins Schlaraffenland und werfen zu guter letzt einen Blick über die Rosenhecke von Dornröschen.

Tipp

MÄRCHENWALD, Zaubertricks, Fahrgeschäfte und Streichelzoo – hier können die Kleinen (in der Saison) Magisches erleben.

Während die Kleinen den Märchen lauschen, wollen wir uns umsehen, all den Trubel bestaunen – zu Land, zu Wasser und in der Luft. Da hinten umrunden Flöße die Saurierinsel, gleich in der Nachbarschaft jagt die Achterbahn durch enge Kurven und über Berg und Tal, hier vorn fliegt die Schiffsschaukel im Takt eines Uhrpendels immer höher, und weiter rechts knattert … Doch halt, die Zeit drängt – wir müssen ja noch nach unserer kleinen Familie sehen.

MAGIE FÜR KINDER – IN DER NÄHE DER AUTOBAHN, AN DER AUSFAHRT VERDEN OST

Gerade noch rechtzeitig hat die junge Frau ihre beiden 11-jährigen unter Protesten vom Magic Tower loseisen können, um die Fantastic Illusion Show zu besuchen. Die Vorstellung beginnt und mit der ersten Darbietung verstummt das Quengeln der Jungs. Sie folgen mit großen Augen und offenem Mund der Kunst der Zauberer. Schmunzelnd mustert die Mutter ihre Steppkes, die von Zeit zu Zeit das Atmen zu vergessen scheinen.

TAGHeuer
DODENHOF POSTHAUSEN KG /// 28869 POSTHAUSEN /// 0 42 97 / 30 ///
WWW.DODENHOF.DE ///

Die Menschen im Elbe-Weser-Dreieck und selbst Fremde kennen den Weg: Auf der Autobahn A 1 die Abfahrt Posthausen nehmen, gut zwei Kilometer in Richtung Posthausen fahren, und schon ist man da: Auf einem schier endlosen Gelände drängen sich die unterschiedlichsten Einkaufstempel, die keinen Kundenwunsch offen lassen – von Mode bis zu Möbeln, von Lebensmitteln bis zur Heimelektronik, von Sportartikeln bis zu …

DIE EINKAUFSSTADT, DIE ALLES HAT

Dodenhof ist das größte deutsche Einkaufszentrum in Familienbesitz, das auf eine über 100-jährige Geschichte zurückblicken kann. Am 1. Mai 1910 eröffnete der Tischler Hermann Dodenhof einen kleinen Gemischtwarenladen und legte damit den Grundstein für eine Erfolgsgeschichte. 1925 zog er in ein größeres Geschäftshaus, das bereits dort stand, wo die Kunden auch heute noch einkaufen. Nach dem Zweiten Weltkrieg nahm das Unternehmen einen rasanten Aufschwung: Ab 1950 suchte ein mobiler Außendienst die Kunden zu Hause auf. 1961 öffnete das ›größte Landkaufhaus Deutschlands‹ seine Pforten. Danach expandierte das Familienunternehmen immer weiter, es folgten Einrichtungshaus, Abhollager, Supermarkt, und, und, und …

> **Tipp**
> Egal, was der Kunde benötigt: schmucke Garderobe, stilvolle Möbel, moderne Heimelektronik oder Lebensmittel – alles findet sich in **POSTHAUSEN**.

Auch wenn Dodenhof über die Jahrzehnte gewachsen ist, eins ist geblieben – die Hinwendung zum Kunden, die bereits für den Gründer Hermann Dodenhof selbstverständlich gewesen war. Sonntags nach dem Gottesdienst öffnete er den Laden, damit seine Kunden Kirchgang und Einkauf miteinander verbinden konnten und so die weiten Wege nicht zweimal gehen mussten.

> **EINKAUFSSTADT AUF DEM LAND – SELBST FÜR GROSSSTÄDTER EIN LOHNENDES ZIEL.**

Früher betrachtete die einheimische Landbevölkerung ihr Kaufhaus im Moor als die erste Adresse am Platz – selbst bei größeren Anschaffungen scheute man die Tagesreise nach Bremen. Und heute? Heute zieht es die Großstädter hinaus ins Moor; sicherlich auch, weil man in Posthausen auf kompetente Beratung setzt – in Zeiten, in denen Märkte und Handelsriesen Personal abbauen und die Kunden in Ruhe lassen, ein spürbarer Unterschied.

TAGHeuer
SWISS AVANT-GARDE SINCE 1860
TAGHeuer

TAGHeuer
SWISS AVANT-GARDE SINCE 1860
Heuer
Schulz
TAGHeuer

BILDNACHWEIS

Soweit hier nicht gelistet, stammen alle Bilder von den Autoren.

S. 32, Martha Hüner, Sammlung Deutsches Auswandererhaus

QUELLENNACHWEIS

[1] Brüder Grimm (Hgg.), *Kinder- und Haus-Märchen. Erster Band*, Berlin: G. Reimer 1819_2.
[2] Sigrid Weltge-Wortmann, *Die ersten Maler in Worpswede*, Worpswede: Worpsweder Verlag, 2003.
[3] Friedrich Wagenfeld, *Bremen's Volkssagen*, Erster Band, Nr. 1, Bremen: Verlag von Wilh. Kaiser 1845.
[4] Wilhelm Hauff, ›Phantasien im Bremer Ratskeller‹, in: *Wilhelm Hauffs Werke*, Band. 2, Leipzig/Wien: Bibliographisches Institut 1891-1909.
[5] o. A., *Reden des Führers am Parteitag der Ehre 1936*, München: Zentralverlag der NSDAP, Franz Eher Nachf., 1936_4.
[6] Homepage der Villa Ichon, www.villa-ichon.de, abgerufen am 21.11.2011.
[7] Homepage des Modersohn-Museums, www.modersohn-museum.de/zum%20werk.html, abgerufen am 17.09.2011.
[8] Hans Wohltmann, *Fischerhude. Dorf der Bauern und Künstler*, Fischerhude: Verlag Heimathaus Irmintraut Fischerhude Sondervermögen im Verein für Niedersächsisches Volkstum e. V., o. J.
[9] Johannes Grote, ›Eine historische Wanderung durch Alt-Oyten‹, www.heimatverein-oyten.de/downloads/Historische_Wanderung.pdf, abgerufen am 22.11.2011.
[10] Hans-Jürgen Rusch, *Gegenwende*, Meßkirch: Gmeiner-Verlag 2010.
[11] Karl Nerger, *Verdener Lesebuch, Geschichte der Stadt Verden (Aller) in Einzeldarstellungen*, Band 6, Verden: Selbstverlag Stadt Verden 1983.

Lieblingsplätze entdecken

18 × 66 Orte, die einen Besuch wert sind

978-3-8392-1259-2

978-3-8392-1159-5

978-3-8392-1166-3

978-3-8392-1258-5

978-3-8392-1154-0

978-3-8392-1254-7

978-3-8392-1161-8

978-3-8392-1164-9

978-3-8392-1155-7

978-3-8392-1253-0

978-3-8392-1255-4

978-3-8392-1170-0

978-3-8392-1257-8

978-3-8392-1162-5

978-3-8392-1256-1

978-3-8392-1156-4

978-3-8392-1157-1

978-3-8392-1160-1